I0126738

Karl

Mu

ller-Fraureuth

Die deutschen Lügendichtungen bis auf Münchhausen

Karl
Mu
¨
ller-Fraureuth

Die deutschen Lügendichtungen bis auf Münchhausen

ISBN/EAN: 9783743643352

Hergestellt in Europa, USA, Kanada, Australien, Japan

Cover: Foto ©Thomas Meinert / pixelio.de

Weitere Bücher finden Sie auf **www.hansebooks.com**

DIE DEUTSCHEN

LÜGENDICHTUNGEN

BIS AUF

MÜNCHHAUSEN

DARGESTELLT

VON

CARL MÜLLER-FRAUREUTH.

———————

HALLE

MAX NIEMEYER

1881.

Inhaltsübersicht.

I. Einleitung.

Wenn man auch Plato, der die Dichter als Lügner von seinem Idealstaate fern gehalten wissen will, und Schopenhauer, nach welchem man ein Dichter nicht ohne einen gewissen Hang zur Verstellung und Falschheit sein kann, nicht durchaus beistimmen dürfte, so lässt sich die Poesie doch als eine Kunst des Lügens betrachten, falls man nur nicht, wie jene, das Hauptgewicht auf den moralischen Gesichtspunkt legt. Nicht ohne Grund ist es, dass die ältere Bedeutung des Wortes „Gedicht" der von „Erfindung, Lüge" gleichkommt, wie wir heute noch „erdichten", „Erdichtung" in diesem Sinne gebrauchen.[1] Lebt doch die Phantasie des Dichters von dem, „was sich nie und nirgends hat begeben", übersteigen doch, wie Wieland sagt, die Schöpfungen der dichterischen Einbildung Dasjenige weit, was die Natur unsern Sinnen darstellt: „sie hat etwas Glänzenderes als Sonnenglanz, etwas Lieblicheres als die süssesten Düfte des Frühlings zu ihren Diensten, unsere innern Sinne in Entzücken zu setzen; sie hat neue Gestalten, höhere Farben, vollkommenere Schönheiten, schnellere Veranstaltungen, eine neue Verknüpfung der Ursachen und Wirkungen, andere Zeitmaasse — kurz, sie erschafft eine neue Natur und versetzt uns in der That in neue Welten, welche nach ganz anderen Gesetzen als die unsrige regirt werden"[2] und, können wir hinzufügen, nie existirt haben und nie existieren werden. Und je augenscheinlicher die Poesie in dieser Weise schafft, je mehr ihre Erzeugnisse als Lügen bezeichnet werden können, desto leichter und allgemeiner vollzieht sich die

Wirkung, welche sie ausüben sollen. Wenn, um den Alt-
meister der Dichtkunst selbst sprechen zu lassen, „die mun-
tersten wie die ernstesten ihrer Werke den gleichen Zweck
haben, so Lust als Schmerz zu mässigen, durch innere
Heiterkeit, durch äusseres Behagen uns von den irdischen
Lasten zu befreien"[3], so ist es in erster Reihe und bei der
Mehrzahl der Sterblichen die Poesie als „Belustigerin"[4]
welche diesen Zweck zu verwirklichen geeignet ist. Nur
einem kleinen Bruchtheil der Menschheit ist der andächtige
Genuss hoher Dichtung zugänglich, welcher nur „durch die
Sammlung und Anstrengung sämmtlicher Kräfte des Geistes"
ermöglicht wird; der Mensch des gewöhnlicheren Schlags,
der Vertreter der grösseren Zahl, sieht sich auf eine leichtere
Art der Erholung angewiesen, er sucht und findet sie bei
den niederen Erzeugnissen der Dichtkunst, die ihn im
Augenblick die Enge und Mühseligkeit der täglichen Wirklichkeit vergessen lassen und, worauf es ihm vor Allem ankommt, lachen machen. Auf diesen Erfolg können neben
andern untergeordneten Gattungen der Poesie namentlich
die leichtesten Erzeugnisse der Phantasie, diejenigen ihrer
Erfindungen rechnen, die mit der schlechten Wirklichkeit so
kühn umspringen, dass man sie geradezu als Lügendichtungen bezeichnet. Mit dem Gaukelspiel der Lüge täuscht sich
der Mensch am leichtesten über die Alltagswelt hinweg und
verschafft sich das Behagen, das die Mühen des Lebens so
schwer aufkommen lassen, ganz wie sie dem Arzt als Be-
ruhigungsmittel gegenüber dem Kranken dient.[5] In ihr vermag nicht nur fast Jeder als „Dichter" aufzutreten, denn
der „Hang zum arglosen Lügen wird", um mit Kant zu
reden, „bei Kindern allemal, bei Erwachsenen, aber sonst
gutmüthigen, dann und wann, bisweilen fast als anerbende
Krankheit angetroffen"[6], sondern sie ist auch diejenige Poesie,
deren Wirkungen Keinem verschlossen bleiben, so dass der
Lügendichter des allgemeinsten Beifalls sicher sein kann.
Man braucht, um dies bestätigt zu sehen, bei uns nur den
Namen Münchhausen auszusprechen. Kein Buch wird sich
rühmen können, so viel Menschen erheitert zu haben, als
dieses, in welchem der grösste Theil der deutschen Lügen-

dichtungen sich abgelagert hat. Es rechtfertigt sich daher
wohl und lohnt sich der Mühe, einmal den Quellen dieses
Buches nachzuspüren, eine Darstellung Dessen zu geben,
was im deutschen Volke an Lügenmärchen und Lügengeschichten geleistet worden oder im Umlauf gewesen ist, und
vor Allem auch aus diesen kleineren Erzeugnissen der Phantasie ein Menschliches herauszuschälen.

II. Lügenmärchen.

Das älteste uns erhaltene Lügenmärchen — von diesen
im engeren Sinne des Wortes soll zunächst gehandelt werden
— fällt zufolge seiner äusseren Form spätestens in den Anfang des 11. Jahrhunderts, es ist eines der lateinischen Gedichte, welche zum Theil noch unaufgeklärte Bezeichnungen
tragen, der sogenannte „Modus florum", abgedruckt in den
Denkmälern von Müllenhoff und Scherer.[7] Sein Inhalt ist
ein Lügenmärchen in ausgebildetster Gestalt, und es würde
im Deutschen etwa folgendermassen lauten:

> „Ein Lügenlied will ich euch singen,
> Das soll euch wol zum Lachen bringen.
> Es war ein König, der sein Töchterlein,
> So kündet' er, dem Manne wollte frei'n,
> Der also Meister wär' im Lügen,
> Dass sich der König ihm müsst' fügen.
> Das hört' ein Schwab', und alsobald er sagt:
> „Als einst im Hain ich pfleg der Jagd,
> Treff ich ein Häslein mit dem Pfeile,
> Das ich in Kopf und Rumpf zertheile;
> Und als des Hasen Kopf ich hob empor,
> Da fliesst ihm Honig aus dem rechten Ohr,
> Wohl hundert Scheffel, und im linken
> Seh ich gleich viel Goldflichse blinken,
> Und als den Hasen ich zerlegte ganz,
> Fand eine Urkund' ich in seinem Schwanz,
> Du sei'st mein Knecht, stand d'rin geschrieben —"

4

„Das log sie", rief der König, „so wie Du!"
Da war besiegt vom Schwaben er im Nu,
Der ward sein Sohn und ist's geblieben."

Was zunächst die Einkleidung anlangt, in welcher der
fahrende Sänger seine Lügen vorträgt, so könnte man den
Zug, die Gewinnung eines Preises, wie eine Königstochter
ihn repräsentirt, von der Fertigkeit des Bewerbers im Lügen
abhängig zu machen, auf verschiedene Weise erklären. Will
man spitzfindig sein und besonderes Gewicht auf den zwar
nicht hervorgehobenen, im Stillen aber doch vom König ge-
fassten Vorsatz: Nil admirari! legen, so kann man die Entstehung dieses Motivs in einer Zeit suchen, die mit Lügen
angefüllt war, in der Alles, besonders vielleicht religiöse
Vorstellungen als Lüge sich erwiesen, in der man wohl
einen hohen Preis auf eine Lüge setzen durfte, weil man
gewiss war, nichts zu erfahren, was durch seine Neuheit
frappirte — allein eine solche Motivirung wäre dem Character des Märchens kaum entsprechend, dem ja Nichts mehr
eignet als Naivetät. Es ist die Lust an den Gebilden der
Lüge, d. h. die in naivster Weise sich kundgebende Anerkennung der Kunst des Dichtens, welche unser Märchen ab-
spiegelt. Für ein wirklich gutes „Gedicht" ist eine Königstochter kein zu hoher Preis. Das Lügen ist in den Augen
des Märchenerzählers eine Gabe, ein Talent, über welches
nicht Jeder verfügt, und wenn er den König eine Concurrenz
unter den Lügnern, d. h. den Dichtern ausschreiben lässt,
so zeigt der ausgesetzte Preis, dass er den Dichter dem
König ebenbürtig, „beide auf der Menschheit Höhen stehend"
erachtet. Wenn demnach eine Reihe von Märchen dieselbe
Einkleidung haben, wie der modus florum, und die Fertigkeit im Lügen zu einer Bedingung machen, unter welcher
ein hoher Preis gewonnen werden kann, so will dies min-
destens eben so viel sagen, als wenn anderwärts ein Preis
auf das Lösen von Räthseln, auf das Verkünden dreier Wahr
heiten u. dgl. gesagt wird. Hat man in Derartigem den Ausdruck der Anerkennung zu erblicken, die das Volk in seiner
Kindheit der Verstandesklugheit, der Weisheit zollt, so legen
die Märchen, an deren Spitze der modus florum steht, in

naiver Weise Zeugniss von der hohen Meinung ab, welche
die Poesie bei ihm geniesst.

Gleich dem modus florum berichten auch ein Märchen
aus dem Münsterschen und ein norddeutsches von einem
König, der seine Tochter einem ihn zur Anerkennung zwin-
genden Lügner geben will, während ein norwegisches die
Königstochter selbst eine Wette mit dem Lügner eingehen
lässt. In einem schleswig-holsteinischen Märchen rettet sich
ein Spitzbube durch Lügen vom Tode, und in einem wendischen und siebenbürgischen lässt ein Richter um einen
Hasen eine Lügenwette zwischen drei Brüdern anstellen.
Die siebenbürgische Fassung dieses Märchens, der gegenüber die wendische nur wie ein Auszug erscheint, motivirt
die Bestimmung des Richters in hübscher Weise durch die
Art, in welcher die Brüder angeblich in Besitz des Hasen
gelangt sein wollen. Der eine ist blind und will den Hasen
zuerst gesehen, der andere ist lahm und will ihn gefangen,
der dritte, ein Nackter, ihn eingesteckt haben. Da spricht
der Richter: „Ihr braven Leute! ich höre, dass ihr alle drei
gut lügen könnt; wer mir von euch die dickste Lüge sagen
kann, dem soll der Hase gehören", worauf die Brüder sich
entfernen, um am anderen Tage wiederzukommen und ihre
Lügen vorzubringen. Ein weiteres deutsches Märchen, welches ebenfalls durch sein Auftreten in Siebenbürgen sich als
ein sehr altes erweist, erzählt von einer Lügenwette, in
welche sich ein Edelmann mit einem Bauer einlässt und
deren Preis ein Gespann Pferde bildet, ebenso wetten in
einem litauischen ein Bauer und ein Edelmann um 200
Thaler, und ein serbisches endlich theilt die Lügen einem
Knaben zu, der mit einem „Bartlosen" um ein Brod wettet.[9]
Ferner gehört auch ein Fastnachtsspiel aus dem 15. Jahrhundert hierher, in welchem ein Vater dem seiner drei Söhne
seine Mühle geben will, „von welchem man erkennet pas die
allergrosten lugerei"[10]; eine ganze Reihe anzuführender Lügenstücke werden von fahrenden Leuten des Mittelalters blos in
der Absicht vorgetragen, am Schlusse einer Belohnung in Gestalt eines Trunkes theilhaftig zu werden[11], und für Lügen
gewährt ein Wirth wandernden Gesellen freie Zeche.[12]

Im modus florum wie in einigen anderen der angeführten Lügenmärchen ist es übrigens die Lüge nicht als solche, die den König u. s. w. zur Anerkennung nöthigt, sondern die in ihr erhaltene Beleidigung. Dasselbe Kunstmittel, dessen sich der schlaue Schwabe zuerst bedient, wendet auch der Spitzbube an, welcher sich durch die „aufrichtige" Lüge rettet, er habe in der Hölle des Herrn Amtmanns Mutter auf der Schiebkarre fahren sehen, und der Bauer, der ganz ähnlich den Grossvater des Edelmanns im Himmel als Säuhirten wiedergetroffen haben will; auch im norddeutschen platzt die Königstochter infolge einer ihre Ehre angreifenden Lüge mit den Worten heraus: „das ist nicht wahr", und im norwegischen unterliegt sie ihrem Bewerber auch nur dadurch, dass dieser erzählt, ihr Vater sei von seiner Mutter über dem Schuhflicken geschlagen worden. Ueberall bekommt man hier den Eindruck, dass der Lügner sich von vornherein klar ist über die Art, wie er sich die Anerkennung seiner Lüge verschaffen will: Alles, was er an unglaublichen Dingen vorbringt, erscheint nur als ein beliebig zu vermehrendes Beiwerk, als Mittel, den Hörer in eine Stimmung zu versetzen, in welcher ihn der Hauptschlag, die Beleidigung, ganz unversehens treffen und zur Entgegnung reizen muss. Betrachtet man diese eigentlichen Lügen näher, so zeigen sie Stoffe, die als uraltes Gut sich erweisen, die nur, wie W. Grimm sagt, in einem anderen Tone erzählt zu werden brauchen, um in weitverbreitete Mythen einzugreifen. So weisen im modus florum besonders zwei Züge, weil sie auch im serbischen Märchen vom Bartlosen und dem Knaben auftreten, auf eine Sage, einen Mythus hin, welcher in uns dunklen Zeiten Slaven und Germanen gemeinsam war. Die grosse Menge Honig, die dem Ohr des Hasen entfliesst, findet sich im Serbischen in noch mehr übertriebenem Maasse, man darf sie wohl mit der alten Sage vom Schlaraffenland, dem Land, da Milch und Honig fliesst[13], in Verbindung setzen. Und auch im serbischen sowie im litauischen Märchen ist die Beleidigung auf einem Zettel verzeichnet, der an einem ebenso seltsamen Aufbewahrungsorte zum Vorschein kommt, wie im modus

florum. Dass in diesem ein Hase an Stelle des Fuchses
im serbischen und des Hundes im litauischen tritt, ist der
deutschen Thiersage gemässer, in welcher der Hase gern
als Botenläufer erscheint.[14]

Wenn ferner in fast allen der angeführten Lügenmärchen sowie in dem vom himmlischen Dreschflegel (bei Grimm
Nr. 112) der Lügner in den Himmel steigt, sei es an einem
grossen Kohlkopf oder an einem Baume oder Stange, die
aus einem Rübsamen- oder Hirsen- oder Buchweizenkorn
aufgesprosst sind, oder auch an einer Eiche oder Tanne,
die über Nacht ebenfalls bis in den Himmel gewachsen sind,
so ist dies ein Zug, der gleichfalls einen indogermanischen
Ursprung zu haben scheint; ähnlich wie in den deutschen,
wendischen, litauischen und serbischen Märchen steigt auch
in einem englischen Märchen ein Knabe in den Himmel,
und zwar an einem Bohnenstengel.[15] Dass dann das Herab-
steigen an einem Strick von Haferspreu oder Häcksel (im
norwegischen Märchen von Mehlbrei und im serbischen an
aneinandergeknüpften Haaren) erfolgt, erinnert an die sprichwörtliche Wendung im Griechischen: ἐξ ἄμμου σχοινίον πλέ-
κειν (ex arena funem nectere), an das auch schon im Nor-
dischen vorkommende Winden eines Seiles aus Sand, an die
englischen Redensarten von „Dicks hatband made of sand"
und an die Forderungen, die in einem dithmarsischen Volkslied gestellt werden: Seide aus Haferstroh zu spinnen, aus
Lindenlaub Kleider zu schneiden u. s. w. und namentlich
eine Peitsche zu drehen aus Wasser und Wein.[16]

In den beiden westphälischen Märchen sowie im norddeutschen sinkt der aus dem Himmel Zurückkehrende ein
Stück in die Erde oder gar in einen Kieselstein, ein Zug,
den auch das serbische Märchen enthält. In diesem ist von
einem Pferde die Rede, das zwei Tage lang und bis Mittag
breit ist und auf dessen Rücken Weiden wachsen; ein Wald
wächst auch aus den Weiden, mit denen nach dem siebenbürgischen Märchen ein verwundetes Pferd zugeflochten
wurde, während diesem im norwegischen eine Rippe aus
Tannenholz eingesetzt wird, aus dem eine Tanne bis in
den Himmel spriesst[17], und dieser Zug bildet zum Theil den

8

Inhalt eines deutschen Lügenmärchens, von dem bisher noch nicht die Rede war und welches Bartholomaeus Krüger, dem „märkischen Eulenspiegel" Hans Clauert in den Mund legt. Am Ende seines 1587 zuerst erschienenen Schwänkebuchs: „Hans Clawerts wereckliche Historien"[18] theilt der Trebbiner Stadtschreiber zwei „Gedichte" mit, durch deren Erzählung Clauert „offt die Leute vom schlaffe ermuntert und wacker macht." Da, wie Godeke mit Recht sagt, Hans Clauert an Naivetät Alles übertrifft, was in dem ganzen Jahrhundert geschrieben ist, und die leichte Anmuth seiner Lügen von Keinem der Spätereu, am wenigsten wohl von den modernen Märchenerzählern[19] getroffen worden ist, so möge die eine der beiden Lügengeschichten, ein Lügenmärchen i. e. S., hier eine Stelle finden, während die andere unten in einen andern Zusammenhang eingereiht werden soll.

Hans Clawerts Wereckliche Historien etc. Durch Barthol. Krüger. Berlin 1587. S. 96 ff.:

„Clawert pflag offtmals von sich selber zu sagen, wan er bey guten leuten war, vnd sahe das sie unlustig worden, so fieng er enstlichen von seiner Kindheit an, biss zu seinem alter mit nachfolgenden Worten:

Alss ich ein kleines Kindloin war und offtmals ersahe, das unsere nachbaren Kinder auss dem Holtze kamen vnd Junge Vöglein zu hauss brachten, die sie auss den Nesten genommen hatten, gedacht ich auch einmal in den Waldt zugehn vnnd Vogelnester zusuchen, do ich aber in den Waldt kam, sahe ich ein kleines Vögelein auss einem Baum fliehen, ich gieng hinzu, da fand ich ein kleines löchlein, das ich kaum einen finger hinein bringen mochte, vnnd als ich den finger hineinsteckte, fiel ich mit dem gantzen Leib hernach in den Baum hinab, darunter fand ich einen Teich, darin ge(S. 97)bratene fische giengen, vnnd vber dem Teiche war ein Butterbergk, dauon die Butter durch den Warmen Sonnenschein herab auff die gebratene Fische troffe, derselben Fische ass ich mich so sat, das ich auss dem Baum nicht widerkommen kundte, lieff derhalben heim, holet ein Barte und hieb mich auss dem Baum herauss, jedoch war

mirs leidt, dass ich der gebratene Fisch nicht etliche mit
mir genomen, davon ich hett Rhümen mögen, truge sich
gleichwol zu, das am wege ein grosser hauffen Tauben sass,
darunter warff ich, dass die federn so dicke blieben liegen,
das ich meine Barte nicht wieder finden kunte, ich lieff
eilends zu Hauss, holete Fewr und zündet die federn an,
da verbrandte die Barte, und der Stiel blieb liegen, das ich
also zu meinen Eltern nicht wider kommen dorffte, gedachte
mich derwegen auff die Wanderschafft zu begeben, vnd kam
zu einem Brunnen, do hette ich gerne getruncken, wuste
doch nicht, worin ich Wasser schöpffen solte, weil mir aber,
als einen gar jungen und kleinem Kinde, die (S. 98) Hirn-
schalen noch nicht recht zusammen gewachsen waren, nam
ich den halben teil derselben vom Kopff herab, schöpffet
wasser darein vnnd tranck daraus, es schmackte mir auch
das Wasser so wol, das ich darüber entschlaffen ward, vnn
do ich erwachte, war es fast abendt worden, dessen ich
sohr erschrack, und lieff gantz unbesunnen davon, kam in
ein Dorff, to Dreschete ein Bawr die Erbsen auff dem
Balcken, und das Stro fiel herab, die Erbsen aber blieben
auff dem Balcken liegen, dessen ich mich sehr verwunderte,
unnd fragte den Bawrn, wie solchs keme, das die Erbsen
auff dem Balcken blieben? Der mich dann wider fragte,
Wie das ich mit dem halben Kopff daher keme? Da gedacht ich erst an meine Hirnschale, Lieff als bald zurück,
fand sie auch und sieben Enden Eyer darin, dieselbe legte
ich unter eine Henne und liess sie ausbrüten. Daraus ward
ein Pferd, sieben meilen lang, mit demselben verdienet ich
viel geld. Dann wann die Leute uber Land reisen wolten
vnnd am Kopff auff sassen, vnd das Pferd sich nur umb-
(S. 99) wendet, so waren sie vier zehen meilen weck, vnd
eins mals hatte ich etliche von Adel gedinget, die gern
eilends weren an jhren bestimpten ort gewesen, vnd als sie
fast dahin kamen, mistet das Pferd, wendet sich auch umb
und wolte darnach riechen, unn brachte die Edelleute noch
eins so weit zurücke, als sie zuvor sich auffgesetzt hatten,
derhalben sie vor zorn mein Pferd mitten entzwey hawen
theten, dem ich nicht besser zu helffen wuste, Sonder nam

die rote Weiden vnd band das Pferd darmit wider zusammen. Die Weiden bekleibten in dem Pferde und wuchsen
so sehr, das ein gantzer Wald auff dem Pferde ward, das
auch die, so darauff Ritten, Sommerzeit im külen schatten
sassen, dadurch mir das Pferd hernach viel mehr erwarb,
als zuvor, und gegen den Winter liess ich die Weiden jär-
lichen verhawen und kauffte aus demselben Holtze so viel
geld, das ich auff den heutigen Tag noch ein zehrpfennig
habe, sonst were ich lengst zum Betler worden."[20]

Abgesehen von den Einzelheiten, in welchen dieses Märchen mit den anderen übereinstimmt — so hat z. B. auch im
siebenbürgischen Märchen eine Henne Eier in den Mund
des Kopfes gelegt, aus dem die Hühner dann herausfliegen
— fällt uns an ihm eine Eigenschaft auf, welche es auf
eine Linie mit dem serbischen stellt: wie dieses zeigt es
das Bestreben, nicht nur an und für sich unglaubliche Thatsachen märchenhaft aneinanderzureihen, sondern auch durch
Verdrehung der begleitenden Umstände noch eine besondere
Art von Lüge zu Tage zu fördern. So zählt der Knabe
im serbischen Märchen in seinen jungen Jahren, als er noch
ein alter Mann war, die Bienen, dasselbe mit den Bienen-
stöcken zu thun, ist er nicht im Stande; der Honig steigt
in den Thälern bis zu den Knöcheln, auf den Gebirgen bis
über die Knie; als er nach Hause kommt, ist eben sein
Vater geboren; nachdem er bis an die Brust in die Erde
gesunken ist, kann er sich nicht helfen, geht nach Hause,
holt ein Grabscheit und gräbt sich heraus (auch die beiden
westphälischen Märchen schlagen in diesem Punkte denselben Ton an); mit seinem Kopfe schlägt er ein Loch ins
Eis und merkt erst später, ganz wie Clauert, dass er ihn
nicht mehr bei sich hat u. s. w. Kurz, wir befinden uns
hier mitten in der verkehrten Welt, in der Region des Unsinns und der Verdrehung, in welcher eine ganze Reihe von
deutschen Lügengedichten ihr Behagen findet. Von ihnen
soll jetzt die Rede sein.

III. Lieder von einer verkehrten Welt und andere Poesien des Unsinns. — Roman vom Finkenritter.

In diesen Lügengedichten, die zum grössten Theil in das 14. und 15. Jahrh. fallen, werden beseelten und unbeseelten Wesen Handlungen und Eigenschaften zugeschrieben, die ihnen ihrer Natur nach nicht zukommen können. Allerlei Geräth und Geschirr, zumeist altes und verlegenes, ist in menschlichem Treiben begriffen, ebenso die Thiere, die aber ihrem natürlichen Wesen gänzlich entrückt sind und häufig ihre Eigenschaften unter einander vertauschen, während die Menschen die seltsamsten und aberwitzigsten Dinge treiben. Aneinanderreihung und Häufung von Unmöglichkeiten, Verkehrtheiten und Widersprüchen, Aufhebung und Verleugnung der Wirklichkeit und natürlichen Ordnung der Dinge: Das ist's, woran die Darstellung sich vergnügt, worin die, wie man bei den meisten anzunehmen hat, vom Weine erregte Phantasie übermüthig sich ergeht, und wodurch der Darstellende seine Absicht zu erreichen sucht, womit er Lachen erregen will. Je grösser die Kühnheit und der Uebermuth ist, mit welcher das zerstreuende Spiel seiner Laune alle Formen und Lebensbedingungen der wirklichen Welt auf den Kopf stellt, desto eher erreicht es seinen Zweck. Von keinem der auf uns gekommenen Lügenstücke dieser Art ist es möglich eine Analyse zu geben, die sich nicht mit einer einfachen Abschrift oder Uebersetzung deckte, da jeglicher Zusammenhang in ihnen fehlt, in einem und demselben Reimpaare die heterogensten Dinge mit einander verbunden sind. „Nur hie und da ist es möglich, Gleichartiges auszuscheiden, nur da und dort haben sich Gruppenbildungen angesetzt, wenn sie auch schnell wieder zerfliessen", und an ganz vereinzelten Stellen „scheint ein vernünftiger Sinn hindurch". Da Uhland, dessen Worte ich hier citire die Aufgabe, die in den Lügenliedern enthaltenen gemeinsamen oder ähnlichen Züge neben einander zu stellen und zu einer zusammenhängenden Darstellung zu verweben, bereits in der wünschenswerthesten Weise gelöst hat (in seinen Abhandlung über das Volkslied) [21], so kann ich mich hier auf eine Zusammenstellung des Materials und einige Anmerkungen dazu beschränken.

Es sind an mittelhochdeutschen Lügenstücken, Gedichten von einen verkehrten Welt u. dgl. zu verzeichnen:

1. Ein Spruch Reinmars des Alten (gest. 1210), in v. d. Hagens Minnesingern 1, 197[b]: Blatte unde Krone wellent muotwillik sin etc. [22]

2. von Reinmar von Zweter die Sprüche in v. d. HMS 2, 206[a] Nr. 151: Ich kwam geriten in ein lant etc. und 2, 206[b] Nr. 162: Ein böu schrekke wande ein löwo sin etc. [23] aus der Mitte des 13. Jahr.

3. Ein Spruch des Marners (gest. um 1287) in v. d. HMS 2, 245[a] Nr. 12: Maniger saget maere etc. [24]

4. Aus einer Wiener Handschrift des 13. Jb. Es ist der lügenaere etc., abgedruckt in Haupts Zeitschrift (1842) 2, 560 f. und in v. d. Hagens Germania (1848) 8, 308 f. [25]

5. Aus einer Strassburger Hs. des 13. Jh. das Gedicht: So ist diz von lügenen, abgedruckt in den Altdeutschen Wäldern von Haupt und Hoffmann (1836) 1, 163 ff. und darnach erzählt in den Märchen der Br. Grimm (Nr. 158) als Märchen vom Schlauraffenland. [26]

6. Aus einer Müncher Hs. vom Jahre 1347 das Gedicht: Ich bin komen an die stat etc. abgedruckt in Pfeiffers Altdeutschen Uebungsbuch 1866, S. 158 f., und dasselbe aus einer Hs. vom J. 1371 in Lassbergs Liedersaal 2, 385 ff.[27] .

7. Das Wachtelmaere aus dem 14. Jh., in Massmanns Denkmälern deutscher Sprache und Literatur, 1. Heft 1828, S. 105 — 112, und in v. d. Hagens Germania 8 (1848), 308. Bruchstücke des Gedichtes aus einer anderen Hs. veröffentlichte J. Zacher in der Zeitschrift für deutsches Alterthum 13 (1867), 332. [28]

8. „Ein red von hübscher lug" von Peter Suchenwirt (aus der zweiten Hälfte des 14. Jh.) in der Ausgabe von Alois Primisser, Wien 1827, S. 148 f. Nr. XLV. [29]

9. drei Meisterlieder der Kolmarer Hs. (hg. von Bartsch, Stuttg. 1862), aus dem 15. Jh.

    a) Nr. LXXVII, S. 394 f.: sint lügene,

    b) Nr. XCVI, S. 433: von âventiure,

    c) Nr. CXLII, S. 518 f.: âventiure.

10. „Der Windbeutel" von Hans Kugler, aus einer Hs. des 15. Jh. abgedruckt in Kellers Erzählungen aus altdeutschen Handschr. 1855, S. 490 ff. [30]

11. „Von den Russin Leuten", aus einer Hs. des 15. Jh. abgedruckt ebenda S. 487 ff. [31]

12. „Der Backofen", Münch. Hs. (cgm) 714 in 4. aus dem 15. Jh. Bl. 13. Anfang:

    Ains tags vor alten zeyten
    Ain packoffen begund ausreiten. [32]

13. Ein Fastnachtspiel aus dem 15. Jahrh. hg. von Keller 1, 91 ff. [33]

Ein grosser Theil der in diesen Lügenstücken vorkommenden ungereimten Einzelheiten und noch viele andere seltsame, unsinnige Dinge dazu bilden die Ingredienzen der „ertzneien und medicinae ad omnes morbos", zu deren Bereitung komische Recepte Anleitung geben, wie sie sich z. B. in der Zeitschr. f. deutsches Alterthum 15, 510 f., in Pfeiffers Germ. 8, 63 f. und wohl am längsten und ausführlichsten in dem Gedichte des Hans Folz „Von einem griechischen Arzt" in Kellers Fastnachtspielen 3, 1197—1201 abgedruckt finden. [34]

Auch das beliebte Lied vom Doctor Eisenbart gehört hierher zu den Liedern des Unsinns, der seine Kranken in der verkehrtesten Weise kurirt. Es findet sich schon vorgebildet in den Fastnachtspielen des 15. Jahrh., wo es z. B. von Meister Viviam heisst:

    „Wer do ist gesunt, den macht er sich.
    Auch macht er die geraden lahm,
    Ein gutwerk hat er nie getan,
    Er kan die gesehenten plint machen
    Und den gesunten vertreiben das lachen,
    Einen hat er pracht von dem Leben etc."

oder

    „Er kan mit maisterlichen sachen
    Di plinten reden machen

Und das ein stumm gesibt drat,
Ist, das er vor gut augen hat etc."[35]

Bevor ich den der Zeit nach hier anzuführenden kleinen
Roman vom Finkenritter etwas eingehender betrachte, seien
noch die Volkslieder erwähnt, welche ganz in der Weise der
bereits aufgeführten Lügenstücke in der Häufung von Ver-
kehrtem und Unsinnigem sich ergehen, in vielen Zügen mit
diesen übereinstimmen und daher auch von Uhland ange-
zogen sind. Im Ambraser (Frankfurter) Liederbuch
v. J. 1582 (hg. von Bergmann 1845) sind es Nr. 140: Von
einem Schüsselkorb, wie es jm ging auff der Hochzeit[36],
Nr. 141: „Ehe ich auff erd geboren wart", dasselbe, nur mit
orthographischen Abweichungen nach einem fliegenden Blatt
v. J. 1612 abgedruckt in Haupts Zeitschrift (1842) 2, 563 f.
Ferner ist zu nennen ein plattdeutsches Tanzlied aus Hans
Detlefs Dithmars. histor. Relation v. J. 1634, welches sich
mit Versetzung der Strophen auch in Uhlands Volksliedern
findet (Nr. 240 A B).[37] Aus diesen gehört auch Nr. 241
hierher, „das neu Schlaraffenland", nach einem fliegenden
Blatt aus dem ersten Viertel des 17. Jh.[38] Da das Schlaraffenland das Land der Unmöglichkeit ist, so ist es er-
klärlich, dass man diesen Namen auch auf Lieder übertrug,
welche ebenfalls von allen erdenklichen Unmöglichkeiten
handeln.[39] Die Lieder vom Schlaraffenland selbst enthalten
aber auch ihrerseits Dinge, die nur in einer verkehrten Welt
möglich sind. So wird, gemäss der ironischen Tendenz, die
sie namentlich gegenüber der „faulen Zunft" verfolgen, die
Faulheit in ihnen belohnt, wie es dem Fleisse nie widerfahren kann. „Wer gern arbeit mit der Hand, Dem verbeut
man s Schlauraffenland".[40] Auch die Spieler, Trinker u. s w.
werden auf die generöseste Art belohnt, vor Allen aber die
Lügner: „Für eine gross Lügen gibt man ein Cron" im
Schlaraffenland des Haus Sachs[41], woran ein anderes Lied
die weitere Ausführung knüpft:

„Hie leugt mancher viel umbsonst,
dort helt mans für die beste kunst,
al die wol können lügen,
die auch davon nit werden rot,
thun in das Land all wol tilgen."[42]

Wenn 1518 bei Alberus, Dialogus vom Interim, das
Schlaraffenland als das Land bezeichnet wird, wo man den,
der die grösste Lüge sagen kann, zum König macht, so
stimmt Dies ganz gut zu der Gepflogenheit der Lügenmärchen, den grössten Lügner mit einer Königstochter zu
belohnen. — Indem ich in allem Uebrigen auf Poeschel's
Abhandlung über das Märchen vom Schlaraffenlande ver-
weise [43], führe ich nur noch den hübschen Zug an, auf
welchen schon Wackernagel aufmerksam macht, „dass gerade
an Birken und Weiden, an den Bäumen also, von welchem
man sonst Ruthen schneidet, hier so gute Dinge wachsen
wie Speckkuchen, Semmel und Löffel dazu."

Der Finkenritter, dieses 1559 zuerst erschienene
Lügenbuch [44], ist eine Compilation eines grossen Theils von
Dem, was schon in den angeführten Lügenstücken enthalten
ist, und was sonst noch in der Zeit seiner Abfassung als
Lüge im Munde des Volkes gangbar sein mochte, „Alles
gesteigert und erweitert." [45] Wenn H. Kurz mit Recht sagt,
dass die im Finkenritter an einander gereihten Lügendinge
„ohne inneren Zusammenhang erscheinen und dass, ohne
dass dem Ganzen der mindeste Abbruch geschähe, die Hälfte
derselben ausgelassen werden könnte, wie man hinwiederum
hundert ähnliche hinzufügen könnte" [46], so ist das ein Vorwurf, welcher nicht nur alle die Dichtungen, mit denen wir
es hier zu thun haben, sondern mutatis mutandis so manches
moderne Buch trifft. Will man zu einem weniger ab-
sprechenden Urtheil über dieses Volksbuch gelangen, als
Goedeke [47] und Bobertag [48], so darf man es nicht als ein
Ganzes auffassen wollen, sondern man muss, den Mangel
der Abgeschlossenheit und Abrundung in Kauf nehmend, es
in die Theile zerlegen, aus denen es sich zusammensetzt,
und diese Einzelheiten im Zusammenhange mit anderen
ähnlichen Erscheinungen betrachten, um zu finden, dass der
Finkenritter eben auch ein Product seiner Zeit ist und als
solches beurtheilt sein will.

Zunächst sei die Rede von den Märchenstoffen, welche
der Finkenritter in sich aufgenommen hat. Er erzählt ganz
in der Weise des serbischen Märchens in der vierten und

fünften Tagereise — die von ihm beschriebene Ritterfahrt
vertheilt sich auf 8 Tagereisen — wie er durch ein Bienen-
loch in einen Eichbaum kriecht, um Honig aus ihm zu
nehmen. Als er den Stichen der Bienen zu entgehen den
Rückzug antreten will, ist ihm das Loch zu klein geworden,
er läuft heim, holt ein Beil, haut den Baum ab und kriecht
unten heraus. Um den Bienen die Rückkehr in den Baum
abzuschneiden, will er das Loch verstopfen und zu dem Zwecke
eine Dornhecke abhauen, in deren Dickicht aber die Axt
fällt. Er zündet die Dornen an, dabei verbrennt die Axt,
der Stiel bleibt unversehrt. Weiterziehend gelangt er an
eine Graswiese, die er abmähen will. Mit der Sense
schlägt er aber an einen Maulwurfshaufen und dabei sich
den Kopf ab, der schnell entläuft. Indem er ihm nachspringt,
stösst er sich an einen Ast, dass ihm die Stirne blutet;[49]
wieder im Besitz des Kopfes setzt er ihn das Gesicht nach
hinten gekehrt auf, um beim Gehen durch den Wald nicht
von den Reisern in die Augen geschlagen zu werden und
hinten und vorn sehen zu können. Ein Windstoss nimmt
ihn aber wieder hinweg, er erhascht ihn und bindet ihn
„mit rothen Nesten“ fest auf, so dass er ihm wieder an-
wächst. Vergleicht man diese Erzählung des Finkenritters
mit dem ähnliche Dinge enthaltenden Lügenmärchen Hans
Clauerts, so wird man die naiv kindliche Lust am Ungereimten, welche dieses durchzieht, im Tone der ersteren
vermissen; im Finkenritter tritt die Absicht, Unsinn zu
reden, schärfer hervor als in dem etwa dreissig Jahre
nach ihm von Krüger niedergeschriebenen „Gedicht“.
Letzterer fasste sein Märchen mehr als solches auf, während der Verfasser des Finkenritters seine Erzählung weit
mehr um ihrer verkehrten und verdrehten Situationen
willen gibt.

Sein Streben, solche zu schaffen, entschiedenen Unsinn
zu erfinden, lässt ihn namentlich ein Mittel für unsern Geschmack zu oft anwenden: die Nebeneinandersetzung und
Verbindung von Attributen ganz entgegengesetzten Sinnes
bei ein und demselben Gegenstand. Wenn er erzählt von
einem ,grossen, dicken, geschmeidigen, kleinen Eichbaum“,

einem „schönen, weisen, dürren, grünen, langen, kurzen ge-
wachsenen Rasen voll Gras", einem „hübschen, hesslichen,
starken, schwarzen, feinen, grauen, jungen, blöden, alten
langsamen, hurtigen Mann", von einem „schneeweisen
Köhler", einem „lichten, grossen, ungeheuren, kleinen,
dicken Wald", der aber baumlos ist, einer „alten, krummen,
jungen, geraden Frau": so ist dies die einfachste Form, in
welcher die Poesien des Unsinns ihren Zweck erreichen
können. Die Neigung zu dergleichen Wendungen zeigt sich
auch anderwärts[50], und solche, wie „ein greiser Jüngling"
sind auch uns geläufig. Dass aber auch mit einem so einfachen Mittel, über welches der „Dichter" verfügt, Manches
sich anmuthig gestalten, zum wenigsten Lachen erregt
werden kann, beweist der Finkenritter in der 4. Tagereise,
wo er erzählt: „Ich kam an einen grossmächtigen, erschreck-
lichen, tiefen und Schiffreichen Bach, da war kein Wasser,
darinnen gingen drei wohlbeladene Schiffe, das erste hatte
keinen Boden, das andere hatte keine Wände, das dritte
war nicht da, ich gedachte, wie ich es anfangen wollte, dass
ich über das Wasser käme, und setzte mich in das Schiff,
das nicht da war, und fuhr hinüber". Es ist das Märchen
von Knoist und seinen Söhnen[51], welches uns hier zuerst
entgegentritt, und dessen übriger Inhalt ebenfalls ein Erlebniss des Finkenritters bildet. Auf der dritten Tagereise
trifft er auf drei Gesellen, von denen der eine nackt, der
andere blind und der dritte lahm ist. „Der Blinde ersah
einen Hasen, der auf der Stelzen (= Krücke) erlief ihn,
und der Nackende steckte ihn in den Busen, auch zeigte
mir den Blinde den Hasen, den kaufte ich ihm ab, um zwey
gute alte Knittelgroschen, der Nackende aber zog den Beutel
aus dem Busen, steckte das Geld in die Blauderhosen hinein,
und gab es dem Blinden, der kaufte ein schweinen Kalb[52]
und hölzerne Buttertiegel und eine glühende heisse Laterne,
damit leuchtete er seinen Gesellen, und weisete den Weg
hinaus, dass sie desto besser sehen könnten. Aber der auf
den Stelzen lief immer forne hin und bestellte die Herberge,
wiewohl er einmahl strauchelte und sich fast übel an die Versen stiess, dass ihm der Kopf heftig blutete.[53] Der Nackende

zog sich aus, dass er ihm wohl folgen möchte, und liehe
dem Verwundeten seinen Mantel, dem Blinden seinen Rock,
und zog in Hosen und Pelz mit blossen Hanfkörnern daher."
In fast allen Lügenstücken treten diese „schadhaften Leute"
in Gesellschaft oder einzeln auf[54] und bilden, wie Uhland
sagt, „in der Art, wie sie beschäftigt und verbunden sind,
einen so scharfen und einfachen Ausdruck des Widersinns
und haben sich dem Lügenwesen so fest eingepflanzt, dass
man sie zu den alterthümlichsen Gestaltungen derselben zu
rechnen hat." Dass das schadhafte Kleeblatt auch in einem
schottischen und dänischen Lügenlied, welche Uhland zu seiner
Darstellung heranzieht[55], auftritt, bestätigt vollends, dass wir
es hier mit uraltem Gut zu thun haben. In den Finkenritter,
der ja selbst mehrere male zu den schadhaften Leuten gehört
— er verliert nicht nur seinen Kopf, sondern ein andermal
auch sein Eingeweide, das er aber in einem trockenen Bach
sauber abwäscht — passt es ganz besonders, und er stellt
es auch am ausführlichsten dar.

  Neben seiner Neigung für die contradictio in adjecto,
die auch wir noch theilen — citiren wir doch gern Lichten-
bergs „Messer ohne Klinge, an welchem der Stiel fehlt[56] —,
bedient sich der Verfasser unseres Volksbuchs auch noch
eines anderen, womöglich noch wohlfeileren Mittels zur Erzeugung von Unsinn, nämlich der einfachen Umstellung und
Verwechslung der Satztheile. Bei Antritt seiner Reise nimmt
er den Weg auf die Achsel und den Spiess unter die Füsse,
gürtet seinen Rock bis an die Knie u. s. w., eine Art der
Erzählung, die auch einige Schwänke des 16. Jahrh. zeigen.[57]
Es ist „die verkehrte Geschichte", jenes beliebte Kinderspiel, das wir hier vorgebildet sehen und welches darin besteht, dass Jemand eine Erzählung vorträgt, in der alle
Sätze in derselben Weise wie in der Stelle des Finkenritters
verdreht sind, und derjenige mit einem Pfand bestraft wird,
der beim Nachsprechen der Sätze den Vortragenden corrigiren
will und die Redetheile an den logisch richtigen Ort setzt.[58]
Es wird dabei an Gelegenheit zum Lachen nicht fehlen,
„es können, indem man sich fortwährend verspricht, Redetheile verwechselt und verstellt, manchmal drollige Dinge

herausgeworfen werden" (Uhland). Geschieht es hier mit
Absicht, so verwickelt sich noch heute mancher Sprecher
unfreiwillig bei feierlicher Gelegenheit in solches Hinterfür:
der Bürgermeister der Stadt Schilda, der bei Ueberreichung
eines Hafen Senfes an den Kaiser seine wohleinstudirte
Rede in der Form zu Tage förderte: „Vester Junker Senf,
da verehren wir euch diesen Kaiser"[59], hat jedenfalls mehr
als einen Unglücksgenossen gefunden.

Einfache Vertauschung von Subject und Prädicat ist es
ferner, wenn der Finkenritter in der zweiten Tagereise von
einem Ort berichtet, wo unter Anderm das Obst die Bäume
trägt, die Hunde von den Hasen gefangen werden, die Schafe
die Wölfe hängen, Hühner und Gänse den Füchsen und
Mardern mit Fallen und Garnen nachstellen und die Mäuse
den Katzen auflauern und sie fressen. Die vor den Finkenritter fallenden Lügenstücke gefallen sich ja ganz besonders
darin, das Object der Wirklichkeit zum Subject der verkehrten Welt zu machen, Hund und Hase, Koch und Gänse,
Storch und Frosch, Fuchs und Huhn u. s. w. ihre Rollen
tauschen zu lassen.[60] Auf derselben Linie liegen Stellen
wie „an selben Ort gieng der Weg über die Weyden[61], da
brannte der Bach und löschten die Bauren mit Stroh, Pulver
und Pech"[62], und in der 7. Tagereise: „da bellten die Bauren
und liefen die Hunde mit Spiesen heraus, da krunzten die
Hähne und kräheten die Säue und brülleten die Hüner, und
stöberten die Schaafe"[63], Dinge, die in dieser oder ähnlicher
Form nicht nur früher beliebt waren, sondern auch noch
heute im Volke fortleben als landläufige Umschreibungen
für „Nirgends" und „Nie"[64], namentlich als ausweichende
Antworten auf zudringliche Fragen. Wenn die gute Sitte
heute ein derartiges Verfahren beim Ertheilen einer Antwort
verbietet, so ist im Mittelalter eine bis zu sprichwörtlicher
Ueberlieferung ausgebildete Kunst vorhanden, dem Fragen,
Bitten oder Schelten Jemands mit höhnisch ungehöriger, ja
sinnloser Antwort auszuweichen.[65] Auch der Finkenritter
bekommt, als er einen alten Mann anredet, ganz unpassende,
sinnlose Gegenrede: in gleicher Weise vexiert ihn ein
„schneeweiser Köhler", der sich damit abgiebt, Leberwürste

2*

aus Tannenzapfen zu brennen, grünes Tuch mit weissem
Kohlenstaub zu färben und Breter daraus zu schneiden[66],
mit albernen Antworten, „disputirt ihm zu hoch" und „sieht
übel an den Ohren"[67], und eine alte Frau erwidert seinen
„guten Tag" mit den Worten: „Es gehen viel Kornmaas
darein". Diese Art der Rede und Gegenrede, die zu einander
passen, wie die Faust auf's Auge, kann man wohl in Zusammenhang bringen mit der Neigung der ältern Zeit für die sog.
Quodlibets, welche ja auch Dinge auf einander reimen, deren
Verbindung durchaus keinen Sinn giebt, so namentlich allerhand Sprachbrocken und Liederanfänge[68], eine Neigung, die
ebenfalls noch heute im Kinderspiel fortlebt.[69]

So knüpft der Finkenritter alle seine Lügen an Dinge
an, welche zu seiner Zeit lebendig waren und in Nachklängen
in die Gegenwart hereinragen, um schliesslich den letzten
Trumpf auszuspielen und mit seiner Geburt zu schliessen.[70]

Es erübrigen noch einige allgemeine Betrachtungen über
ihn und die mit ihm im Grossen und Ganzen abgeschlossnen
Lügenstücke.

Was ihre Verfasser, ihren Stammvater anlangt, so weiss
niemand einen solchen zu nennen. Sie setzen ihrer ganzen
Manier nach eine gleich lange Ueberlieferung und Grundlage
voraus, wie die Räthsellieder, denen sie auch inhaltlich vielfach
nahe stehen. „Ohne Zweifel kannte man ähnliche und gewiss
bessere vormals schon in stabreimender Form ebenso gut als
die Räthsellieder"[71], und jedenfalls gehörten sie nicht, wie
ihre Ueberreste, die Kinderreime heutiges Tages, blos den
Kindern und Ammen an, „sie wurden von denselben fahrenden Leuten vorgetragen, die vorzüglich die Gattung der
Schwänke, überhaupt aber die sogenannte niedere Epik
cultivirten," von den gemeinen Spielleuten und Gauklern,
denen man nach dem Sachsenspiegel mit dem Schatten
eines Mannes büsste. Und diese hatten bei ihrem Vortrag
auch ihre bestimmten Zwecke im Auge; das Begehren eines
Trunkes am Schlusse der meisten Lügenmähren[72] zeigt,
worauf es von ihnen abgesehen war. Ihren Zweck er-
reichten sie um so sicherer, je mehr sie es verstanden,
durch das von ihnen Vorgetragene Lachen zu erregen.

Daraus erklärt sich auch die überall zu Tage tretende und uns namentlich nicht zusagende Absichtlichkeit, mit welcher sie ihre unsinnigen, oft erzwungenen und überlustigen Einfälle zu Tage fördern. Die schnelle, hetzende Aufeinanderfolge dieser Dinge „on sinn, witz und on verstandt" [73] lässt es uns allerdings fraglich erscheinen, ob die Erzähler bei jedem einzelnen Satze, den sie aussprachen, eine klare Vorstellung seines Inhaltes hatten: für uns, die wir von Kindheit an zu geregeltem Denken und Vorstellen angeleitet werden, ist eine Einbildungskraft „fürchterlich", um mit Goethe zu reden [74], die ohne Halt, ohne Zusammenhang, wie ein gehetzter Vogel von Ast zu Ast, von einem Unsinn zum andern springt, die Seele jeden Augenblick mit einer andern Anschauung füllt. Nicht so für die Zeit, welche die Lügenmähren hervorbrachte. Für die Phantasie ihrer Menschen waren die Sprünge nicht vorhanden, ihre bewegliche und durch keine Regeln gehemmte Einbildungskraft vereinigte das Unvereinbarste, erklärte das Unerklärlichste und fand vor Allem lächerlich, was wir heute leicht geneigt sind für albern oder abgeschmackt zu erklären. Wenn schon wir anerkennen müssen, dass bei der Absichtlichkeit, mit welcher die Lügenstücke Unmögliches und Unsinniges hervorbringen, „Manches sich anmuthig und phantasiereich gestaltet hat, was auf einen keineswegs unpoetischen Grundtrieb des Ganzen weist" [75], so fanden sie in ihrer Zeit jedenfalls eine noch allgemeinere Anerkennung — im Falle des Gegentheils würden sie ja kaum auf uns gekommen sein. So einfach auch das Mittel ist, dessen sie sich hauptsächlich zum Erfinden bedienen, nämlich das Gegentheil von Dem auszusprechen, was in der vernünftigen Welt allgemein gültig ist [76], so Groteskes und Barockes auch immer in ihnen uns entgegen tritt, so musste es doch sicher den Beifall der Zeit finden, der sie ihre Entstehung danken. Denn auch diese kleineren Erzeugnisse sind nichts anderes als die Producte der bewussten oder unbewussten Bestrebungen ihrer Zeit, auch sie tragen das Gepräge derselben und spiegeln nur den Grundton des Volkslebens selber wieder. Es ist der Geist der Narrheit, der über ihnen wie über dem ganzen Geschlechte ruht, der Trieb, ein Thor zu

sein oder wenigstens als thöricht zu erscheinen; ein Wunder
wäre es zu nennen, wenn das Leben nicht auch nach dieser
Richtung hin einen adäquaten Ausdruck in der Poesie gefunden, wenn die in der wirklichen Welt herrschende Fast-
nacht nicht auch in der gefabelten zum Vorschein gekommen
wäre. Wie die Eulenspiegel sich um die Wette bemühten,
„die abentürlichste narry zu thun, daz in der ander nit nach-
thut und vil affenspil zu treiben mit krummen meulern und
selzemsz reden, und waz einer vor dem andern erdenken
kunt"[77], so liessen auch die „Dichter" des Volks „die weisheit anstan"[78], die Ungereimtheit sich reinen, ersannen die
unmöglichsten, unsinnigsten neuen Mähren von alten Dingen[79]
und befolgten vor Allem auch ihrerseits den Grundsatz: „In
diser Quotlibetischen Welt mus alles umbkert sein".[80]

Indem aber so die verrückte und und verkehrte Welt
des Lebens ihren Ausdruck in der Dichtung fand, so dass die
Lügenstücke „dem unbemessenen, verkehrten und vergeb-
lichen Menschentreiben im Allgemeinen einen Spiegel bieten"
(Uhl. 3, 227), so konnte es, zumal bei der Neigung des
Volkes zum Spott, bei der satirischen Richtung seiner
Dichtung überhaupt, nicht ausbleiben, dass die Lügenmärchen,
die Darstellungen einer verkehrten Welt in einzelnen Zügen
bestimmte satirische Zwecke verfolgten, dass sie zum
wenigsten Manches enthalten, worin man einen satirischen
Sinn ohne Weiteres legen kann. Wenn auch nicht in besonders auffälliger Weise auf einen satirischen Nebensinn
hingewiesen ist oder unmittelbare Nutzanwendungen angeknüpft werden, so scheinen doch auf viele Stellen der Lügenstücke die Worte im 4. Scherzgedicht Laurembergs an-
wendbar:

„Se seggen de wahrheit mit lügenhafftigen munte
Wenn it de, de it hört, man recht verstunde."
(V. 321 f. bei Lappenb. S. 62).

Zu satirischem Zwecke benützt die Form des Lügenmärchens ganz entschieden Reinmar der Alte; er bezieht die
in seinem Spruche vorgeführten Bilder der verkehrten Welt
mit vollem Bewusstsein auf die öffentlichen und sittlichen
Zustände seiner Zeit — man kann darin übrigens, da die

Satire bei den Lügenmärchen doch sicher etwas Secundäres
ist, einen Beweis dafür erblicken, dass diese Form schon
vor diesem ihren ersten Erscheinen in der Literatur eine
geläufige gewesen sein muss; die Annahme, dass Reinmar
selbst sie zu seinem speciellen Zwecke erfunden habe, ist
wohl ausgeschlossen, schon wenn man die Kürze seines
Spruches in Betracht zieht.

Ganz in den von Reinmar angeschlagenen Ton stimmen
auch V. 48 f. in den altd. Bl. 1, 163 ein:

> dô sach ich zwei sûgende kint
> ir muoter heizen swigen[81],

und bei Suchenwirt V. 36 f.:

> Vasten und veyren
> Ist der christenheit verboten,

sowie V. 73 ff.:

> Daz hab ich oft und dik gehort
> Trew sei noch nie tzerstort,
> Des wett ein ochs um groz gelt...

Aehnlich empfehlen die komischen Recepte neben anderen
seltenen und nicht existirenden Dingen (z. B. 1 ℔. eselwicz)
als Ingredienzen zu Arzneien auch: „III lot junchfrawge-
dankch, V lot weibstrew, II lot witib klag, X lot nunnen-
gesankch etc."[82] Die Stellen des Lügenlieds in Lassbergs
Liedersaal V. 28 f.:

> Dez müsz ain esel lachen
> Sid niemant win trincken mag,

V. 104 f.:

> Es ist nieman ungemut
> Wann einer der vil pfennig hat

und V. 108 f.:

> Michel ungestrüsz
> Kont von süssen worten,

sowie bei Suchenwirt V. 62:

> Ich hab sein wol empfunden,
> Waz fraw Eva der slangen riet,

sind, wenn vielleicht auch nicht als satirisch, so doch als
deutliche Anspielungen auf bestimmte Lebenserfahrungen
bemerkenswerth.

Eine andere Reihe von Stellen macht nicht sowohl die
Wirklichkeit zum Gegenstand ihrer Satire, ihres Spottes,
als vielmehr die Thatsachen, von welchen die Geschichte
oder die Heldensage berichten. So im Liedersaal 2, 385
V. 17 f.:

> Uff sinem haimgarten
> Mit siner hellenbarden
> Facht ein keffer dancklich,
> Er slug den konig von Franckrich,

bei Suchenwirt 14S, 32 ff. „ein maus ein leben sluog zu tot
Zu Tirol in dem walde", und eine Anzahl Stellen im Wachtelmaere, die man ebenfalls wenigstens als bestimmte Anspielungen zu betrachten hat, falls sie nicht geradezu den
Stil der Heldenlieder, den Gesang der Fahrenden von er-
staunlichen Thaten verspotten.⁸³

Als eine mehr oder weniger gelungene Satire ist endlich
auch der Finkenritter aufzufassen. Man kann ihn, um einen
etwas „stattlichen Vergleich" zu ziehen, den „Wahren Geschichten" Lucians an die Seite stellen.⁸⁴ Wie diese in der
Absicht geschrieben sind, die bewusst oder unbewusst lügenden Reiseberichte der alten Ethnographen zu persifliren, so
setzt der Finkenritter nicht nur mit Bewusstsein die Poesien
des Unsinns fort, sondern er „verneint die Märchenwelt"
und sucht auch durch Uebertreibung und Häufung der Lügen
— und gerade diese lässt ja die grösste Absichtlichkeit erkennen — die Lügenlieder der Landfahrer zu verspotten.
Dies ist wohl als der Sinn aufzufassen, der unter dem schein-
baren Unsinn sich birgt. Und dass der Verfasser des Volksbuchs zur Einkleidung seiner Lügen, Verkehrtheiten und
Uebertreibungen die Form eines Berichtes von den wunderbaren Fahrten und Abenteuern eines Ritters wählt, der selbst
eine Carricatur des in Verfall gekommenen Ritterwesens
darstellt, darin liegt zugleich eine Persiflirung der Helden-
bücher, der Ritterromane und der in ihnen beschriebenen
Thaten und Erlebnisse.

Wenn der Finkenritter am Schlusse sagt: „Vor Zeit ich
gross Ritterschaft pflag, Dieselb gebraucht ich all mein Tag
Mit Mannheit auf dem Finkenheerd", und den Ritterschlag

erhalten haben will, nachdem er sich „in der Jupen[85] hart
an dem Finkenlager, zwischen Ermittlingen und dem Schwa-
derloch[86] ritterlich mit den Versen gewehrt", so ist dies eine
Verspottung des Ritterthums seiner Zeit, wie sie ähnlich
eine Stelle in der Zimmerischen Chronik darbietet. Hans
Sebastian von Hirnheim, ein tüchtiger Mann, Beisitzer des
Kammergericht zu Speyer um 1540, der ein grosses Missfallen hatte „ab den kaufleuten und burgern, die nach langen
getribnen wucher sich herren liesen und adlen", erzählt
unter Anderen von einem Haller von Nürnberg, einem Ritter,
„und für war ainem unschuldigen ritter, wie er den ritter-
standt erlangt hat, namlichen das er ainsmals winterszeiten
hunder offen wer gesessen und het bieren braten, do het er
ain blater an dem finger brent; von solcher grosen über-
standenen gefahr wegen were er zu ritter geschlagen worden, wie dann bei unsern zeiten dergleichen juppenritter
gewesen, als nemlich der Berchtold von Rot, den Kaiser
Carle mit aim bendtschuch zu ritter schlueg"[87], ganz
wie dem Finkenritter der Ritterschlag mit einer „rost-
richen löcherichen Castanienpfanne" zu theil wird. Man
sieht daraus, dass die Satire, die der Finkenritter sein
soll, auch nach dieser Seite ihre vollständige Begründung
hat, so mancher Ritter seiner Zeit mochte der Ritterschaft
nach einer Beschäftigung mit „Würsten und Häringen"
theilhaftig geworden sein und die bildliche Darstellung des
Polykarpus, wie er auf Esel, Schnecke und Heuschrecke
reitet, rechtfertigen.[88]

So findet denn auch diese Erscheinung ihre Erklärung in ihrer Zeit, und wenn man auch die Durch-
führung der im Volksbuch vom Finkenritter versuch-
ten Satire nicht für eine unserem Geschmacke angemes-
sene erachten kann, so wird es doch ebenso wie die
ihm voraufgegangenen Lügenstücke auch in der Gegenwart wenigstens ein gewisses Interesse beanspruchen
dürfen, einestheils insofern, als sie Vieles enthalten und
erklären, was in der Gegenwart im Volkslied, im Kinderreim fortlebt[89], und anderntheils, weil in ihnen mit Vorliebe ganz dasselbe Mittel zur Anwendung gebracht wird,

dessen sich namentlich die politische Satire der Gegenwart häufig bedient: Glasbrenners „Verkehrte Welt", die Kladderadatsch, Wespen u. s. w. beweisen, „dass auch zu weilen die umgekehrten Sachen etwas werth und angenehm sein können".[90]

IV. Lügenschwänke.

Unserem Geschmacke stehen die Lügengeschichten näher, die uns Bebel und seine Nachfolger bis auf Münchhausen erzählen. Wir haben es hier nicht mehr mit Lügenmärchen, nicht mehr mit Schilderungen einer verkehrten Welt, sondern mit wirklichen Lügen, sog. Aufschneidereien zu thun. Jene als solche zu bezeichnen, ist falsch und giebt zu sachlich unstatthaften Vergleichungen Veranlassung, bei welchen die bisher erörterten Lügenstücke schlechter wegzukommen pflegen, als die nunmehr zu besprechenden Lügengeschichten. Wohl sind auch in diesen Einzelheiten enthalten, die auf jene zurückweisen, von ihnen bereits vorgebildet sind, die Erzählungen selbst aber tragen ein durchaus anderes Gepräge: sie bilden nur eine besondere Kategorie jener Schwänke, kleinen Geschichten, Anecdoten u. dgl., an denen unser Volk während mehrerer Jahrhunderte fast ausschliesszehrte, wie Liebrecht sagt, „connected by their substance to that cycle of fiction which, since the middle ages, has spread from the East into every part of Europe, and has penetrated so far into every action of society".[91] Wie sehr unter diesen gerade die Lügengeschichten im Schwange waren, beweist der Umstand, dass sie sich durch fast alle Schwänke- und Anecdotensammlungen hindurchziehen, bis der Verfasser des Münchhausen den grössten Theil der vorhandenen Lügen zusammenstellte, während jene Schwankbücher selbst erst in der Gegenwart wieder hervorgezogen worden sind. Und wenn unsere Zeit nicht mehr dazu angelegt ist, Dinge her-

vorzubringen, die den besprochenen Lügenmärchen ähnlich
wären, so ist es auch heute noch menschlich, in Gesellschaft
Gleichgesinnter der Zunge freien Lauf zu lassen, und, wo
das wirklich Erlebte nur mageren Stoff bietet, die Lücken
durch Erfundenes auszufüllen[92], und sehr gern greift man
hierbei auf die Lügenschnurren zurück, die seit Bebel bei uns
gangbar sind. Doch ist auch heute noch nicht die Gattung
derjenigen Genies ausgestorben, welche „Tag und Nacht
denken, wie sie durch allerhand Possen und Narrendeutungen
andern ein Gelächter verursachen, und einen grossen Ruhm
machen, wenn sie bei den Tafeln, Mahlzeiten, Zusammen-
künften und in den Wirthshäusern wacker aufschneiden
können und lügen, dass sich die Balken möchten biegen".[93]

Bevor ich jedoch darangehe die einzelnen Lügengeschichten von ihrem ersten Auftreten an zu verfolgen, möge
noch Einiges über die „Gespäss-Lügen" im Allgemeinen
vorausgeschickt sein, namentlich im Hinblick auf die Menge
der Sprichwörter und sprichwörtlichen Redensarten, die sich
an Wort und Begriff „Lüge" anknüpfen.[94]

Gegenüber dem Mittel, dessen sich die Lügenlieder zur
Erzeugung von Lügen bedienten, dem Umkehren des Wirklichen, ist die einfachste Art, mit welcher die Lügenschnurren
verfahren, das Uebertreiben, das märchenhafte Vergrössern
und Vermehren des Wirklichen, was man am allgemeinsten als
„aufschneiden" bezeichnet. Die Redensart: „mit dem grossen
oder langen Messer aufschneiden" ist als die gebräulichste
„Periphrasis und beschneidung des harten worts: Er leugt"[95]
zunächst zu betrachten. Ursprünglich auf das Auf- oder Vorschneiden des Brodes bei Tische zum Zwecke des Vorlegens
sich beziehend, gewann aufschneiden den Sinn von vorlegen,
auftischen überhaupt, und aus diesem erweiterten Gebrauch
„scheint sich die gangbare Vorstellung des Prahlens und
Vorlügens, meistens doch in einem leichten heiteren Sinn, zu
entfalten".[96] Wie man heute beim Vorschneiden ein besonderes,
grosses Messer handhabt, so schon in früherer Zeit. In der
Zimmerischen Chronik z. B. heisst es einmal, wo vom Vorlegen bei Tisch die Rede ist, „wie dann der zeit (1548) die

langen messer user Frankreich und Italia kommen, die sich
warhafftigelichen mer aim Kalbsticher, dann aim dischmesser
vergleichen".[97]   Der figürliche Gebrauch der Redensart ist
in Dedekinds Grobianus (durch C. Scheid, Erfurt 1615) voll-
ständig durchgedrungen, wenn er die Weisung gibt, bei
Tische soviel Reiselügen zu erzählen, dass das Brotmesser
Scharten und Zacken bekommt und der Gastgeber damit
das Brod sägen kann.   Es heisst Bl. J VII:

> Solt auch glatt nicht kein messer leiden,
> Das uber sich ligt mit der Schneiden,
> Schlag mit eim eissnen Hüfft darein,
> Dess Bossen wird zu lachen seyn,
> Ihr etlich zehlen drauff gar frey,
>   Wie viel Meil wegs gen Rohm bin sey,
> Und schlagen so viel Streich dar uff,
>   Das gibt dem Messer manchen Buff,
> Vnd wenn die Reiss ist geschlagen auss,
> So wird ein feine Seg darauss,
> Der Bossen geht ziemlich wol ab,
> Und hab ein ander Lust darab,
> Dardurch du denn sehr angenhm bist
>   Dem, dessen solches Messer ist,
> Das du hast nach dem Messer griffen,
> Und ihm die Scharten ausgeschliffen,
> Das er das Brod nun segen kan,
>   Vnd hat ein Wolgefallen dran
>   Und lugt wo ers verschulden kan.

Mit dem grossen Messer beschäftigt sich ein fliegendes Blatt
vom Jahre 1621 sehr ausführlich, das den Titel trägt:

"Ambassador des Lucifers, jetzo aus der Höllen in die Welt
gesandt, ein grosses Messer allda einzukaufen, damit man weid-
lich aufschneiden kann,"[98]

und noch heute findet man in Bierstuben ein grosses Messer
in einer Glocke an der Decke befestigt, an der geläutet
wird, wenn Einer handgreifliche Lügen erzählt. — Endlich
knüpft sich an das „Aufschneiden" eine, wie es scheint, aus
dem Französischen stammende kleine Geschichte, die selbst
ein Aufschneiderei im wahren wie im bildlichen Sinne des
Wortes ist.   Ein Schmied erzählt: „do er hette Morgenbrod
gessen, und das Brod angeschnitten, hett er durch das Brod
mitten durch geschnitten, und durch seinen Leib, und durch

die Wand, und seinen Nachbarn etlichermassen in Rücken
verwundet".[99]

Eine Aufschneiderei ist es auch, die sich aus einer
andern Redensart heraus crystallisirt hat, und die von einem
Heiligen berichtet wird. Wenn nämlich in den Annalen der
Capuziner beim Jahre 1575 verzeichnet ist, der h. Pacificus
habe, um einen Ungläubigen zu überzeugen, in Frankreich
einmal gesagt, der wahre Leib Christi sei im Sacrament
des Altars enthalten, so wahr der nächste Eichbaum mit
seinem Gipfel die Erde küssen werde, und dann wirklich
durch sein Gebet dieses Wunder zu Wege gebracht, so liegt
dieser Erzählung die Redensart zu Grunde: „Er lügt, dass
sich die Balken oder Bäume biegen", die schon in Hans
Kuglers Spruch vom Windbeutel vorkommt. Wenn es dort
(bei Keller S. 493, 38) heisst:

> „Doch weiss ich ein in diesem hauss,
> Der wol kunt lug und possen machen,
> Und sollt ein haus von ligen crachen.
> So must sich offt vor seynem ligen
> Rigel, schlos und palken bigen",

so beweist diese komische Steigerung der Redensart ein
hoch höheres Alter derselben, einen älteren Gebrauch in
ihrer einfacheren Form.[100] Wenn schon Abraham a Santa
Clara zu der dem Pacificus angedichteten Geschichte bemerkt, dass „die Widersacher wohl etwan darüber werden
den Kopf schütteln"[101], so schlägt Sam. Gerlach dem Fass
vollends den Boden aus, wenn er im 1. Buche seiner
Eutrapeliae (Leipzig 1656) S. 670 berichtet: „In den Päpst-
lichen Lügenden (sic!) wird dreyer Bekenner Christlichen
Glaubens gedacht, welche auf einen hohen Turn gefangen
gesetzt, aber, als sie die heilige Jungfer Maria üm Hülffe
angeruffen, wunderbarlich erlöset worden, indem der Turn
sich bis zu der Erden nider geneiget, dass sie können zum
Fenster aussteigen und also entkommen. Hierüber schreibt
ein gelehrter Mann: Die Layen pflegen bisweilen zu liegen,
dass sich die Balken biegen, aber die Geistlosen (im Papst-
thum) dass sich die Türne biegen."[102]

Es wird sich im Weiteren öfters zeigen, dass die Cleri-

kalen es vielfach nicht verschmähten, im Volke gangbare
Lügengeschichten in ein heiliges Gewand zu kleiden und
als Wunder der Heiligen aufzutischen, ein Verfahren, für
welches der Spruch im Marcusevangelium: „Dem Gläubigen
ist Alles möglich" als zureichender Grund gelten kann.

Noch möge hier einer Anecdote des Rollwagenbüchleins
gedacht sein, welche sich an das Sprichwort: „zu grober
Lüge muss man pfeifen" und die ihm entsprechende Sitte
knüpft. Ein Pfarrer gebietet auf der Kanzel, man solle, um
dem unmässigen Lügen zu steuern, bei jeder Lüge pfeifen.
Als er gleich darauf mit grosser Anschaulichkeit erzählt,
Gott habe, während er Eva schuf, den oben geschaffenen
Adam einstweilen „an ein Zaun geleint", führt ein Bauer
sein Gebot sofort aus und pfeift: er will von dem Pfarrer
wissen, wer den Zaun gemacht habe.[103]

Hans Sachs ist es, der in seinem „Spruch oder Schwank
vom Lügenberg" in anschaulichster Weise eine Classification
der Lügner giebt. Das vortreffliche kleine Werk verdient
wohl eine nähere Betrachtung. Der Dichter ist einst als
Wanderbursch an ein hohes Gebirge, den Lügenberg, gekommen, auf welchem neun Gesellen, einer höher als der
andere, stehen. Es sind Schwätzer und infolge dessen —
„das Schwatzen geht selten ohn Lugen ab" — Lügner, die
sich auf des Lügenberges Wände verstiegen haben, jeder
„nach seiner Art mit grossen Lügen",

> „Und sich beklagen allesander
> Ob diesem gefährlichen Stand,
> Der Schwindel thut ihn also and."

Zu unterst steht der „Ehrenlügner", ein Handwerks-
mann, der „von Ehren wegen" der Lüge gepflogen hat: mit
Lügen „versprach", d. h. beseitigte er die Gebrechen seiner
Arbeit oder entledigte er sich der Pflicht des Bezahlens
u. s. w. Er ist hier nicht von Belang, ebenso der an sechster
Stelle stehende Schmeichel-Lügner; ferner der „Trug-Lügner",
ein Krämer, der sich von Lügen und Trügen nährte und
mit allen Mitteln und Listen seinen Vortheil suchte; der
„Hader-Lügner", der zu Allem, was er hört, noch mehr

hinzulügt, es weiter trägt und Alles auf einander hetzt, und
der „Doppelt-Lügner" auf dem Gipfel des Berges:

„Was ihr Acht lügen könnt gemein,
Das kann Alls lügen ich allein."

Ihm ist Lügen Gewohnheit, er schämt sich dessen nicht,
kennt den Lügenberg durchaus und sitzt jetzt „gerüglich
auf dem Spitz". Sie alle stellen mehr die moralische Seite
des Lügens dar, die auch im Beschluss betont ist. Was
hier einen Platz finden soll, sind die Reden der vier übrigen
Lügner. Der zweite unter Denen, die „die Lügenglocken
schellen", ist der „Mährlügner", der also spricht:

Ich hab gesagt viel neuer Mähr
Von Königen und grossen Herrn,
Von Kriegsläufen nah und fern,
Hab den viel Pfefferkörnlein geben,
Voraus, wo es sich reimet eben,
Ohn die ich selber gar erdicht.
Und so man gleich oft zu mir spricht,
Ich hab gethon ein guten Schuss,
Auf dass man mirs gelauben muss,
Nenn ich ein tapfere Person,
Von der ich es gehöret hon,
Und schnell mich also in die Backen
Und wirf oft gar zu weit die Hacken,
Dass ich ihr nit mehr holen mag,
Kein Meutlein ich auch darnach frag,
Ob man gleich über mich thu pfeifen,
Wenn man mich thut in Lüg ergreifen,
So wisch ichs Maul und geb davon,
Sprich: ich gibs euch wie ich es hon,
Drum muss am Lügenberg ich stohn.

Ihm folgt der „alt Lügner":

Ich hab gesagt von alten Geschichten
Und kann fein artlich dazu dichten,
Ich hab dieses und jenes gesehen,
Bei mein Zeiten ist das geschehen,
Ich sey gewesen dort und da,
Das thät ich hie, jenes anderswa,
Ich denk, dass das nit also war,
Vor Zeiten waren andre Jahr.
Also leug ich durch alle Land,
Weil mich lügenstrafen darf niemand,

Das schafft, dass ich bin alt und grab,
Der Land ich viel durchfahren hab,
Und wenn man mir genau merkt zu
Fehl ich oft um drei Bauernschuh,
Doch schweigt man still und schmutzt mich an,
Und weil mir Recht lässt jedermann,
Versteig ich mich täglichen sehr,
Wiewohl ich lügens hab kein Ehr,
Tröst ich mich doch, ihr sind viel mehr.

Der Schwatz-Lügner:

Ich schwatz und klapper über Tag,
Was mir einfällt, ich alles sag,
Es sey geleich bös oder guts,
Es bring mir Schaden oder Nutz,
Es sey erlogen oder wahr,
Darauf hab ich kein Achtung gar,
Wie es sich werd zusammenreimen.
Thu oft zwo Lüg zusammenleimen,
Oft fäht man mich mit einem Possen,
Spricht: ich hab unter Tauben geschossen,
Ein Lüg ich oft verfechten thu
Und mach aus einer Lügen zwu,
Versteig mich denn damit noch weiter,
Dass ich bedürft ein lange Leiter,
Oft gar nimmer zuländen kann,
Dass mein denn lachet jedermann,
Jedoch kann ich d' Läng nit schweigen,
Und sollt ich mich gleich gar versteigen,
Jedermann Finger auf mich zeigen.

Der Rühm-Lügner:

— — — ich hab verstiegen mich
Mit grossem Ruhm hoffärtiglich,
Von Kriegen gross bei meinen Tagen,
Wie ich hab den und jen erschlagen,
Dergeleichen mit Buhlerei,
Auch wie ich so geschicket sey
Aller Kurzweil, Fechten und Springen,
Dergleich mit sprechen und mit singen,
Auch wo man redt von grosser Kunst
Mach ich dazu ein blauen Dunst,
Und es mit Lügen alls verblüm,
Sehr weiter Wanderschaft mich rühm,
Dergleichen auch mit dem Reichthum

Geh ich nur mit dem Tausend um
Und leng, sich möchten Balken biegen,
Und hab mich oft so hart verstiegen,
Dass ich gar nimmer zu konnt länden
Hie an des Lügenberges Wänden,
Leng ich eins auf, das ander ab,
Ein frische Lebern ich doch hab,
Ich bitt euch, helfet mir hinab.[104]

Der „Mähr-" und „alt Lügner" gehören zusammen: sie beide sorgen für die Befriedigung der so menschlichen Neugierde; ihr danken sie ihre Existenz. Diese Schwäche, vermöge welcher „alle leut und menschen gemeinklichen begeren zu hören newe mer und zu wissen newe ding"[105], augenscheinlich seit den Kreuzzügen besonders stark angeregt, deren neue, bunte Ereignisse die Daheimgebliebenen nicht weniger als die Wiederheimgekehrten abstumpfen mussten gegenüber den altbekannten, altgewohnten Vorfällen und Zuständen des heimathlichen Lebens, die Sucht nach immer neuem bunten Wechsel unerhörter Stoffe beklagt schon der Stricker, der von seinem Hörern sagt, sie seien „niugerne" geworden. Was die heimischen Sänger vorzubringen wissen, hat man längst an den Schuhen abgelaufen, man wendet sich lieber an die Weitgereisten, die πολύτροποι, setzt sich an die Thore und lässt „niemands passiern ungerechtfertigt: Woher? Wo hinaus? was sein die gescheften, lieber? was hörestu newes?"[106] und namentlich die letzte Frage wird immer häufiger gestellt, „also dass man noch täglich erfahret und höret, das die erste Frag, die man die fremde oder erst ankommende Leut fraget, ist: Was News? was News? was gut Geschrays? Bringt ihr kein Zeitung? Wat sagt man gots? Wie stehts in der Welt?"[107]

Wie die Antworten auf derartige Fragen sich gestalteten, darüber liegen gleichfalls authentische Zeugnisse vor. So sagt Fischart an der zuletzt citirten Stelle: „Was soll der gefragt Gesell thun? Wann man also umb ihn wie umb ein Meerwunder stehet, das Maul aufsperrt, die Augen zerzerrt, die Ohren herzu streckt, und ihne einer fornen, der ander hinden leckt: will er ihr abkommen, er muss wohl etwas liegen, dass er sie mög verlügen: Hau, so leugt er dann auss

Schwäbisch Indien und Welschen Krabaten heraus, dass es
möcht stieben etc." Und der Simplicissimus gesteht mit
lobenswerthem Freimuth: „Wann mich irgends ein Für-
witziger meiner Seltzamkeit wegen aufnahm, um etwas
sonderliches von mir zu hören, so tractirte ich denselben,
wie ers haben wolte, und erzehlte ihm allerhand Storgen,
die ich hin und wieder auf meinen weiten Reisen gesehen,
gehört und erfahren zu haben vorgab; schämte mich auch
gar nicht, die Einfäll, Lügen und Grillen der alten Scri-
benten und Poeten vorzubringen und vor eine Wahrheit
darzugeben, als wann ich selbst überall mit und darbey
gewest wäre."[108]

Wenn die Gereisten nicht ihren Spott mit dem „New-
zeitung gelebig und Leichtgläubigen Völcklein" trieben, wie
dies mehrere der Lügengeschichten darthun, so brachte es
der eigene Vortheil mit sich, dass ihre Berichte nicht an
allzu peinlicher Wahrhaftigkeit litten. Denn je „foister" die
Lügen sind, desto besser werden ihre Träger, die man zu
Gaste ladet, belohnt.[109] Und obschon die Leute wissen, dass
sie es mit Lügnern zu thun haben, dass ihre Gäste es um
so mehr sind, je älter und je ferner sie gereist sind[110], so
übt doch das, was sie hören, einen so mächtigen Reiz auf
sie aus, dass sie Alles gern mit in Kauf nehmen.[111] Und
die Zahl der „wol gewandert Knaben, die sich gar wol
versuchet haben und gesehen manichs wunder"[112], war
entsprechend der Nachfrage keine geringe. Die Zeit, welche
die Wandrer für ihre Erzählungen so gern mit Botenlohn
bedachte, musste Leute in Menge hervorbringen, welche
aus dem Wandern, dem „Zeitungtragen" ein Geschäft
machten. Den „ehrwürdigen Wallern, denen 72 Lande kund
sind", gesellen sich die zu allen Zeiten in Menge vorhandenen „faulen gesellen, die weder hewen, schneiden, noch
sonst halt arbaiten wellen"[113], und berichten alles Mögliche
„von ferren landen, da sie nie hinkamen".[114]

Zu dem Trachten nach handgreiflichem Lohn, der die
„Luginprivilegirte wortbeutelige Landfahrer"[115] erfüllte,
tritt als weiterer Beweggrund sehr gern die menschliche
Eitelkeit, die Sucht, Etwas aus sich zu machen, hinzu.

Ein Jeder unter uns macht sich gern zum Träger wichtiger oder ungewöhnlicher Dinge, offenbar, weil immer ein gewisser Schein von ihnen mit auf seine Person fällt. Da es nun aber nicht Jedem vergönnt ist, von „hochwichtigen", „ausserordentlichen" Gegenständen zu reden, muss man sich dadurch zu helfen suchen, dass man die oft recht unbedeutenden Vorfälle des Tages zu einer Grösse aufbauscht, die zu der wirklichen in keinem Verhältniss steht. Je mehr bei dem Berichteten die eigene Person mit betheiligt war, desto grösserer Spielraum wird natürlich der Erfindung eingeräumt, vermöge welcher „beim Erzählen die Begebenheiten und vorgeblichen Abentheuer, wie eine herabrollende Schneelawine wachsend, aus der Einbildungskraft hervorgehen, ohne irgend einen Vortheil zu beabsichtigen, als blos sich interessant zu machen".[116] So geschieht es, „dass sich oft einer ruempt, das im nit halb geschehen ist".[117] Dieser in der menschlichen Eitelkeit, die weiter verbreitet ist, als man gewöhnlich glaubt, begründete Hang zur Uebertreibung wohnt vornehmlich der Jugend inne, die selten eine dem Thatsächlichen entsprechende Darstellung giebt, sondern mit Vorliebe in Superlativen redet, eine Bemerkung, die schon der Verfasser der Zimmerischen Chronik gemacht zu haben scheint.[118]

Die Jugend stellt wohl auch das grösste Contingent derjenigen Classe von „rümaeren unde lügenaeren", die man als Aufschneider $\varkappa \alpha \tau$' $\dot{\epsilon}\xi o\chi\acute{\eta}\nu$ ansehen muss, die auch von Hans Sachs vorangestellten Erzähler ihrer Kriegsthaten. Das Wort Cicero's: „Deforme est de se ipsum praedicare, falsa praesertim"[119] beherzigen die Bramarbasse jedenfalls am wenigsten.[120] Zur Classe der „Alt-Lügner" hingegen gehören die, „die da Alles wissen, von allen Dingen Bericht ertheilen, und wovon man nur immer redet und gedencket, auch mit einstimmen wollen, da sie doch in Summa weniger als nichts, ja gar nichts offtmalen von einer Sache wissen. Sie sind überall gewesen, sie haben alles gesehen, sie sind bey allen Discursen mit gesessen, sie haben zu allen Geheimnissen mit gerathen, und kurtz, sie haben das Gras und den Isop aus der Wand wachsen hören".[121]

Die Abschnitte aus dem Spruche des Hans Sachs, welche zu der vorstehenden Auseinandersetzung veranlassten, verdienten namentlich deshalb eine Wiedergabe, weil sie ein sehr anschauliches Bild von der Art und Weise geben, mit welcher die Lügner von Profession bei Ausübung ihres Lügenberufs verfahren, um etwas Tüchtiges zu Tage zu fördern. Er führt uns damit gleichsam in die Werkstatt des Lügners ein, und um die Ausführungen des Hans Sachs zu vervollständigen, mögen hier noch einzelne sprichwörtliche Wendungen eine Stelle finden, aus denen sich eine Art Theorie des kunstgerechten Lügens aufbauen lässt. Dies ist nämlich zu unterscheiden von dem gewöhnlichen Lügen, von welchem Simplicissimus sagt, es sei „keine kunst, sondern jetziger zeit fast das gemeinste handwerk".[122] Kinder hört man wohl zu einander sagen: „Kannst du aber lügen!" und zwar weniger im Tone des Vorwurfs, als vielmehr der Bewunderung, ein Beweis dafür, dass nicht Jeder die Gabe hat zu lügen. „Liegen daz wil haben list", „Es kan einer der Lügen besser ein farb anstreichen als der ander"[123], auch die Lüge hat ihre Genies, welche Besonderes leisten und von deren Erfindungen kleinere Lichter mitleuchten, und Johann Sommer empfiehlt denjenigen, welche „keine gratiam mentiendi haben", sich durch erprobte Lügenmeister ausbilden zu lassen, sie sollen „beim Vincentio Ladislao und bei den Herrn Lalen von der Lalenburg in die Schul gehen und daselbsten Sylvam mendaciorum profitiren hören. Wenn sie nun darinnen ziemlich proficirt, so sollen sie sich bei vornehmen Leuten grosser thaten rühmen und sagen etc."[124] Als ein „ἀρχηγὸς καὶ διδάσκαλος τῆς τοιαύτης βωμολοχίας"[125] muss vor Allen Bebels Canstadter Schlosser gelten, der „von vilen genannt ist worden ein Schmid der Lüge und mit der Schlüssel".[126] Er ist ja der Vater der hauptsächlichsten Lügenfünde, und man darf es wohl als ein Gefühl ihrer Verwandtschaft betrachten, wenn heute noch namentlich Schlosser und Schmiede es sind, die auf Dörfern und in kleinen Städten als Erzähler von Lügenschnurren sich hervorthun.[127]

Den faber Cautharopolitanus und nach ihm Münchhausen

müsste Joh. Sommer für den „besten Mann" erklären.[128]
Wer es ihm nachthun will, muss vor Allem Ehrgeiz zeigen
und das Wort Hippel's beherzigen: „Es ist eine Schande,
etwas, und wenn es auch eine Thorheit wäre, halb zu
thun"[129], er muss etwas in sich Abgerundetes leisten. Wenn
auch dem Hörer klar ist, dass ihm etwas Unglaubliches
aufgetischt wird (γνώριμον μὲν ἅπασι τὸ ψεῦδος πλασά-
μενος[130]), so darf sich der Lügner doch keine Blösse geben,
aus welcher die Lüge in ihrer Nacktheit herausguckt[131],
er darf nicht lügen, „dass mans greiffen kan"[132], dem Hörer
keine Handhabe bieten, bei der er ihn fassen und über-
führen kann. Will er sich nicht in flagranti ertappen und
zu dem demüthigenden Geständniss zwingen lassen, „dass
es eine hundsföttische Sache ums Lügen ist"[133], so muss
vor Allem sein Wahlspruch sein: „Mendacem oportet esse memorem".[134] Denn da die Lüge nicht „befreit, wie jedes andre
wahrgesprochne Wort", da sie vielmehr den Lügner verpflichtet,
Schande halber nicht nur, um Goethe nochmals zu citiren,
„das Unwahre zu wiederholen, weil er's einmal gesagt hat"[135],
sondern der Lügner oft zu ihrer Bestätigung einen ganzen
Rattenkönig von Lügen in die Welt setzen muss, so ist es
nothwendig, dass er die zuerst ausgesprochene beständig im
Gedächtniss behält und die ihr folgenden in keinen Wider-
spruch zu ihr bringt: „die Lügen müssen gleich sein den
Schachtelfuttern, welche sich alle ineinander schicken und
verbergen lassen".[136] Mit einem Worte, die Sache muss
Methode haben. Das Mittel endlich, dessen sich der „Mährlügner" bediente, um seine Lüge glaublich zu machen, eine
„tapfere Person" als Autorität und Quelle anzuführen, kann
nur bei Denen verfangen, welche gleich ihm nicht selbstän-
digen Geistes sind und in gläubiger Anerkennung von Au-
toritäten ihr Glück finden, bei einem: „αὐτὸς ἔφα" sich be-
ruhigen. Er läuft immer Gefahr, dass man ihm zuruft:
„Was ist dir noth, dass du rüffst zeugen? So du war
redst wirds niemand leugen."[137] Wer weniger äusserlich
und pythagoräisch verfahren will, wird, falls seine Lüge
einer Stütze bedarf, diese bei ihrem Gegentheil, der Wahrheit, suchen und sie „als Sparrwerk seines Lügenmörtels

hinsetzen", wie Jean Paul sagt.[138] Je mehr er es versteht,
seine Lüge aus Wahrheit und Unwahrheit zu spinnen, um
so „feiner" wird sie, und das Zeichen ihrer Vollendung ist
es, wenn der Lügner in den Belogenen übergeht und seiner
eigenen Lüge glaubt.[139] Er kann dann füglich des „Lügenbuches" entbehren, da er es „mit einander auswendig kan"[140]
und man stets den Eindruck hat, als lüge er „aus dem
Buch" oder „wie gedruckt".[141]

Wenn dieser Redensart die pessimistische Vorstellung zu
Grunde liegt, dass die Bücher, das Gedruckte mehr oder
weniger aus Lügen sich zusammensetzen, so wird es vor-
zugsweise Aufgabe der folgenden Blätter sein, Dasjenige
vorzuführen, was irgend an „Gespäss-Lügen" aufgezeichnet ist.

Die ersten Lügengeschichten treten uns noch vor Bebel
in einer Pfälzer Handschrift aus dem 14. Jahrhundert entgegen. Es sind deren zwei, die E. Martin in der Zeitschrift für deutsches Alterthum 13 (1867) S. 578 f. veröffentlichte[142], und wir haben es in ihnen sogleich mit einem
Lügner von Profession zu thun, der selbst das glaubt, was
er als ihm passirt vorträgt. Weigger, Einer von Landsberg
im Elsass, bindet einmal im Winter bei tiefem Schnee sein
Pferd, von dem er auf kurze Zeit abgestiegen ist, an einen
Baumast, den die Last des Schnees niederdrückt. Das
Pferd zerrt an dem Aste, so dass der Schnee herunterfällt.
Sogleich schnellt der von der Last des Schnees befreite Ast
empor und mit ihm zugleich das Pferd. Als Weigger dieses
wieder besteigen will, sieht er es nicht, aber auch keine
vom Baume ausgehende Spur, und es bleibt ihm nichts
übrig, als ohne sein Pferd den Heimweg anzutreten. Nach
langer Zeit aber, etwa im Herbst, kommt er wieder einmal
desselben Weges und zu jenem Baume und erinnert sich
natürlich seines Pferdes, das er hier einbüsste. Indem er
sich dabei umsieht und in die Höhe blickt, gewahrt er auf
dem Gipfel des Baumes den Cadaver seines Pferdes, dessen
Inneres bereits den Vögeln anheimgefallen ist. Er beschliesst,
den Cadaver herabzuwerfen, steigt auf den Baum und findet
ihn voll Honig und in einen Bienenstock verwandelt. Voller

Freude holt er aus dem nächsten Gehöft einen Wagen, er ladet den gesammten Honig auf, wobei er seine Kleider mit Honig beschmiert. Während er den Karren vor sich herschiebt, kommt ein grosser Bär und leckt seine Kleider ab. Weigger schmiert immer wieder von Neuem Honig aus dem Karren daran, und der Bär leckt so lange, bis Weigger sein Haus in Landsberg erreicht. Da ruft er seinem Weib zu, das Thor zu öffnen und ihm die Axt zu reichen. Als dies geschehen, schliesst er wieder zu und tödtet den Bär. Und von dem Honig und dem Bären hat er mehr Gewinn als der Werth des eingebüssten Pferdes betrug.

Der Schlusssatz dieser Erzählung, die im schönsten Mittellatein abgefasst ist und nur die deutsche Ueberschrift: „Lugin" trägt, ist ganz im Geiste der Lügengeschichten. Es kommt dem Erzähler nicht blos auf die Unglaublichkeit des von ihm Berichteten an, sondern er richtet es auch so ein, dass er persönlich noch einen Nutzen aus der Affaire zieht. Die Erzählung selbst findet sich in derselben Gestalt nicht wieder. Man kann zwar an Münchhausen denken, der ebenfalls bei tiefem Schnee sein Pferd anbindet und dann auf der Spitze eines Thurmes entdeckt, doch fehlt zwischen ihm und Weigger jedes Mittelglied. Vielleicht befindet es sich in irgend einer alten uns unbekannten Schardeke. Das Honiglecken des Bären könnte entfernt an die von Münchhausen mit Honig bestrichene Deichsel erinnern. — Das Emporschnellen des Astes oder Baumes, der sich hier mittels der Aufschneiderei von der Last des Schnees biegt, kommt auch anderwärts vor. Im Märchen vom tapfern Schneiderlein ist es eine Gerte, die diesen emporschnellt [143], und auf einen Märchenstoff bezieht es sich wohl auch, wenn Calderon im 1. Acte der grossen Zenobia den Persius erzählen lässt, er habe, um auf einen Wall zu gelangen, eine daneben stehende Tanne mittels eines Strickes niedergezogen, sich auf ihren Wipfel gesetzt, die Schlinge losgelassen und so mit der aufschnellenden Tanne sich auf den Wall setzen lassen.[144]

Die andere, deutsch abgefasste, aber mit lateinischer Ueberschrift („aliud mendacium") versehene Erzählung ist

kürzer. Ein Bauer haut Weidenruthen an einem Flusse ab,
wobei ihm die Axt vom Stiel fährt und in das Wasser fällt.
Weigger kommt darauf an dieselbe Stelle, um zu angeln.
Da fügt es sich, dass die Angelschnur durch das Oer der
Axt fährt, darauf ein Fisch anbeisst und Weigger, indem
er Fisch und Axt herausschleudert, einen Hasen erschlägt,
der hinter einer Staude lag. „Und also fyng er die axt,
den rotten und den hasen." Dieses einfach und schmucklos
erzählte Geschichtchen eröffnet die lange Reihe der sprichwörtlich sogenannten Jägerlügen. Doch lässt sich auch
schon der modus florum als eine solche betrachten. Ein
dem Teichner zugeschriebenes Gedicht „Von Valchneren"
aus dem 15. Jh.[145] sagt, man lüge nirgends so viel, als wo
von Federspiel, von der Jagd die Rede sei. Keiner spricht
davon, dass es ihm übel gegangen sei, sondern „sie habent
ez allez wolgetan". Das wirklich Erjagte wird potenzirt,
man hat einen ganzen Sack voll Wachteln gefangen, was
noch wenig ist im Vergleich zu dem, was ein Anderer oder
was man ehedem selbst erbeutet hat oder hätte, wenn nicht
besondere Hindernisse vorgelegen — kurz, die Jägerei ist so
recht der Tummelplatz für Aufschneidereien, zumal ja auch
thatsächlich oft „sich wünderlich Ding zutregt bey dem
Weydwerk".[146] Bezeichnend ist es, dass z. B. in der Zimmerischen Chronik das Wort „Waidtspruch" gleichbedeutend mit
Lüge ist, auch wo nicht Jägerlügen gemeint sind[147], und wenn
heute noch der Franzose im Sprichworte („mentir comme
un chasseur") den Jägern eine besondere Virtuosität im
Lügen vindicirt, so werden es ihnen diese selbst am wenigsten übelnehmen, sind sie es doch allein, denen das Latein
keine todte Sprache ist.[148]

Auf einer blossen Häufung des angeblich erbeuteten
Wildes beruht die in einer Weimarischen Handschrift ent-
haltene Erzählung, nach welcher Einer nach einander einen
Hasen, einen Bären, einen Hirsch, eine Hindin, einen Luchs
und einen Fuchs gefangen haben will, ohne aber irgend eine
Andeutung über die Art und Weise des Fanges zu machen.[149]
Doch gebührt diesem Gedicht deshalb ein Interesse, weil,
wie sein corrupter Schluss ergiebt, von dem Erbeuteten ein

fröhliches Mahl ausgerichtet wird, ein Abschluss, den auch mehrere der späteren Jagdgeschichten finden.

Aehnlichkeit mit der von Weigger berichteten zeigt eine von dem Jesuiten Jacob Bidermann lateinisch erzählte Jagdlüge, die aber auf eine französische Quelle zurückzugehen scheint. Ein Bogenschütz zielt nach drei auf einem Zweige sitzenden Holztauben. Der Pfeil durchbohrt den Ast und, während die Vögel in den entstandenen Spalt eingeklemmt dem Schützen anheimfallen, ebenso einen über den Tauben hinfliegenden Habicht, trifft im Fallen einen Storch tödtlich und bleibt in einem grossen Fisch stecken, der in dem unter dem Baume fliessenden Bach schwimmt. Der Schütze ergreift Pfeil und Fisch, wirft beides heraus und dabei einen Hasen todt. Der Erzähler, der diesen wunderbaren Erfolg seines Schusses nicht blos seinem Glücke zuschreibt, sondern auch seiner Geschicklichkeit, schliesst mit den Worten: „Ita sagittarium me probaturus uno documento· et venatorem dedi et aucupem monstravi et piscatorem ostendi." [150]

Diese Geschichte zeigt namentlich im Anfang viele Aehnlichkeit mit einer Erzählung des, soweit zu erkennen, 1579 zuerst erschienenen Lügenbuches: La nouvelle fabrique des excellens traits de vérité etc. par Mr. d'Aleripe [151], „Des bonnes rencontres d'un Quidam". Da Bidermanns Darstellung im weiteren Verlauf nicht ganz mit dieser französischen Fassung der Lüge übereinstimmt, ist wohl eine ältere Quelle anzunehmen, aus welcher beide schöpften, sei es eine schriftliche oder eine den Deutschen und Franzosen gemeinsame mündliche Tradition.

In andern Jagdgeschichten tödtet ähnlich ein Schuss einen Hirsch, ein Rebhuhn und einen Karpfen zugleich [152], oder Einer wirft mit einem Stein einen Hasen, mit seinem Mantel aber ein paar Rebhühner [153], ein Anderer schiesst einen Hasen aus der Luft (den ein Vogel ergriffen hat) [154], ein Dritter wirft einen Hasen mit einem Rebhuhn todt [155] u. s. w. Es würde zu weit führen, alle Jagdgeschichten zu analysiren, das Thema, welches sie behandeln, ist wie es scheint unerschöpflich, und es soll hier nur noch die Jagdlüge angeschlossen werden, welche zu Anfang des 16. Jahrh.

im Eulenspiegel zuerst auftritt. Wenn er erzählt, er habe
an einem mit Brodstückchen versehenen Faden über 200
Hühner aneinander gekoppelt, „macht, daz die hüner zugen
das luder"[156], so ist dies die einzige Lüge, welche er zum
Münchhausen beisteuert, zugleich aber auch die einzige
deutsche Quelle für den Entenfang repräsentirend, den der
Lügenbaron mittels eines Fadens und Specks bewerkstelligt.
Nur im französischen Lügenbuch wird die Geschichte noch
erzählt als „Prinse d'un compagnie de Gruës", aber mit
einer solchen Ausführlichkeit, ja Breite, dass sie kaum die
erste Bearbeitung darstellen kann.

In derselben Kürze und Schmucklosigkeit, welche die
zweite deutsch abgefasste Lüge Weiggers zeigt, sind auch die
in den Facetien II. Bebel's enthaltenen Lügenschnurren
gehalten. Ellissen in seiner Einleitung zum Münchhausen
nennt sie mit Recht „frostige Histörchen" gegenüber Dem, was
der Verfasser dieses Buches aus ihnen gemacht hat. Wenn
man jedoch bedenkt, dass Bebel der Erste ist, der sie erzählt, und dass der Ton, in dem er es thut, nur dem Character angemessen ist, den überhaupt alle seine Schwänke
und Anecdoten an sich tragen, so wird man ihm aus dem
Mangel moderner Eleganz und Leichtigkeit, zumal bei dem
schlechten Latein, über welches er verfügt, keinen allzu
grossen Vorwurf machen. Bebel zeichnete seine Geschichten
in der kurzen Form auf, die überhaupt den Anecdoten
eignet, ihr Inhalt ist die Hauptsache, und die Ausschmückung
des unmittelbar dem Volksmunde Nacherzählten überlässt
er Späteren. Es dürfte sich kaum nachweisen lassen, dass
Bebel seine Geschichten nach schriftlichen Quellen wieder-
gab; was immer zu seiner Zeit sich an Lächerlichem zu-
tragen mochte und ihm zu Gehör kam, Das zeichnete der
jedenfalls beständig in und mit dem Volke verkehrende
Mann auf, etwa in der Weise, wie heute die kleinen Vorfälle des Tages Aufnahme in die Zeitungen finden, wie der
Sammler von Märchen und Sagen aufmerksam auf Das
achtet, was aus dem Volke ihm entgegentönt.[157] In den
Lügenschwänken, die er dem gewöhnlichen Manne abge-
lauscht hat, lässt sich bezüglich ihrer Güte eine Stufenfolge

beobachten. Die zuerst auftretende Lüge kennzeichnet sich
selbst als keine vollkommene. Es ist ein unbedachtsamer
Gesell, der, um seine Furchtlosigkeit zu beweisen, sich rühmt,
er sei in einem Jahre in mehr als 400 Nächten durch Wald
und Feld geritten.[158] Dass er mit seinem Bauschquantum
des Guten zuviel gethan, muss den Hörern und ihm selbst
im nächsten Augenblicke klar sein. Bebel selbst zieht die
Lehre aus der Geschichte, dass man beim Lügen mit Calcül
verfahren müsse, um nicht gezwungen zu sein, die Saiten
herabzustimmen. Kirchhof, der in seinem Wendunmuth die
Lüge zuerst nach Bebel erzählt, knüpft eine ganze Anzahl
von sprichwörtlichen Redensarten daran.[159] Ohne eine Abweichung von Bebel giebt Jacob Pontanus die Lüge wieder
in lateinischem Gewande [160], während in der Zimmerischen
Chronik Paul Meier, genannt Bader, ein Kuecht des Grafen
von Zimmern, in unverschämtester Weise 4000 Nächte im
Jahr gewacht haben will.[161]

Ein Vielgewanderter ist es auch, der in einer anderen
Lügengeschichte Bebels infolge seiner Unbedachtsamkeit auf
seiner Lüge ertappt wird. Da er Venedig zu Pferd durchreist haben will, ist es klar, dass er Venedig nie gesehen
hat. Hier zeigt sich Bebel selbst als bei der Gelegenheit
anwesend: er hilft dem Unvorsichtigen und Ungeschickten
dadurch aus der Klemme, dass er hinzufügt, es sei im
Winter gewesen, „super glacie equitasse ad urbem." [162]
Kirchhof erzählt die Geschichte etwas anders; er lässt
namentlich einen Anderen dem Gewanderten helfen, „ein
wenig bei eren zu bleiben", worauf dieser es seiner Unter-
brechung durch die Hörer beimisst, dass er den Zusatz betreffs der Jahreszeit nicht selbst habe machen können.[163]
Hier hat der Lügner also etwas vor dem Bebelschen voraus.
Eine ganze Reihe von Schwänke- und Anecdotensammlungen
haben diese Erzählung in gleicher oder wenig abweichender
Form aufgenommen [164], ein Zeichen dafür, welch Vergnügen es gewährt, Jemand auf einer Schwäche ertappt zu
sehen.

Der Aehnlichkeit ihres Inhalts, also auch ihres gleichen
Werthes wegen mögen sich diesen beiden Lügen Bebels

einige anderwärts vorkommende hier anreihen. So erzählt
Melander in seinen „Jocoseria" von einem Aufschneider,
der 50 berühmte Städte durchreist und in jeder 1½ Jahre
sich aufgehalten zu haben vorgiebt. Damit veranlasst dieser
„nugo lepidus", der im 39. Lebensjahre steht, ein förmliches
Rechenexempel, demzufolge er 35 Jahre vor seiner Geburt
gereist sein würde[165], was an den Finkenritter erinnert, der
dritthalbhundert Jahre vor seiner Geburt reiste. In der
Zimmerischen Chronik ist es der „alte Gabriel Magen-
buch" („ain erlicher webermeister von Magenbuech"), der, als
ein schnurriger Kauz, „von merers gelechters und vatzwerks
willen" öfters in die Gesellschaft der Herren gerufen, einmal,
als man „unter andern reden und propositen" auf das Schloss
zu Stuttgart zu sprechen kommt, auch sein Theil dazu redet,
„gleichwol er sein leben lang nihe alda war gewesen", und
erzählt, wie er oftmals den Schlossberg hinaufgeritten sei und
dabei „ganz otemlos und muhed worden". Da das Schloss
aber thatsächlich in der Ebene liegt, verfällt er dem Gelächter der Gesellschaft.[166] Im Anschluss daran ist noch
von einem Andern die Rede, der bei Andorf „im gebirg
gegen Flandern" beraubt worden sein will, obgleich „in etlichen meil wegs umb Antorf kain Gebirg gefunden wurt".
Von Andern, die auch von ihren Reisen aufschneiden, stellt
sich der Eine dadurch bloss, dass er auch in Cosmographia
gewesen sein will, infolge der missverstandenen Aeusserung
Jemands: „dieser Mensch scheine wohlbewandert zu sein in
der Cosmographia"[167], ein Andrer antwortet auf die arglistig
gestellte Frage, ob er auch „zu Mentiris oder Liegnitz" gewesen sei, mit Ja[168] u. s. w. Alle diese mit Vorliebe von
den Anekdotensammlungen colportirten weniger gelungenen
Lügengeschichten bestätigen die vorhin gemachte Bemerkung:
der Philister hat keine grössere Freude, als wenn er Einen
ertappen oder in die Falle gehen lassen kann. — Doch
zurück zu Bebel.

Wie mehrere sprichwörtliche Redensarten zu kleinen Erzählungen sich krystallisirt haben (s. oben S. 29), so hat auch
zu einem Geschichtchen Bebels eine solche Veranlassung gegeben. Wenn er als eine „res gesta atque sibi cognatissima"

erzählt, ein Bote habe einem neugierigen Frager als Neuigkeit aufgebunden, dass Einer verbrannt worden sei, weil er
Schnee hinter dem Ofen gedörrt und für Salz verkauft habe,
so kann die Dummheit der Neuzeitungssüchtigen durch keine
Ente mehr verspottet werden, als durch die Verwendung
eines weit verbreiteten locus *ἐκ τοῦ ἀδυνάτου*, wie es die
Redensart vom Schneedörren ist, zu einer Sensationsnachricht.
Man könnte in ihr das Resultat erblicken, zu dem die phy-
sikalische Speculation einer naiven Zeit gelangte, die sich
sagte, dass beim Schmelzen des Schnees Salz übrig bleiben
müsse, wie es denn auch im Lügenlied bei Suchenwirt
148, 72 heisst: „daz salz seudet man auz snee". Doch wurzelt
die Redensart jedenfalls in der noch früher vorkommenden
vom Brennen des Schnees zu Pulver, die ihrerseits wieder mit
der Sage oder Vorstellung zusammenhängt, nach welcher
Eis brennbar ist. An diese letztere knüpft schon das Bruch-
stück einer Weltbeschreibung aus dem 11. Jh. an, welche
aus Island berichtet:

> fon diu vuirt daz is da
> zi christallan so herta
> so man daz fiur dar ubera machot
> unzi dir christalla irglôt.
> damite machint si iro ezzan
> unte heizzint iro gadam.[169]

Die mittelalterlichen Lügenstücke haben sich natürlich die
Wendung vom Brennen oder Dörren des Eises und Schnees
zu Pulver nicht entgehen lassen, und die Geschichte Bebels
giebt ihr nur eine besondere Einkleidung, in welcher sie
ohne jegliche Abweichung nach Bebel Pauli's Schimpf und
Ernst, Kirchhof's Wendunmuth und andere Schwankbücher aufgenommen haben.[170] Das Buch von den Schildbürgern streift
die Schnurre auch, indem es einmal als ein Mangel empfunden
wird, dass seine Helden die Kunst der Gewinnung des Salzes
aus Schnee nicht auch erlernt hätten.[171]

Unabhängig von Bebel, wie sich weiter unten erweisen
wird, wird diese Botenlüge auch in dem ebenfalls zu Anfang des 16. Jh. verfassten Lügengedicht wiedergegeben,
welches Wagner in der Zeitschrift f. d. A. 16, 437 ff. mit-

theilt. Die 13. neue Zeitung berichtet sie dort nicht aus Augsburg, sondern aus „der nächsten Stadt", im übrigen aber ganz wie Bebel.

Bei diesem folgen nun die Lügen des Canstadter Schlossers. Unter ihnen zeigt die erste die geringste Erfindungskraft sowohl als Verbreitung. Die Aufschneiderei von dem auf seinem Sattel aufgefrorenen Reiter ward wohl bei einem Gespräch über „die grosse Kälte" aufgetischt, Frey in seiner Gartengesellschaft schmückte sie gemäss seiner sonstigen breiten Erzählungsweise mehr aus, während Kirchhof sie direct nach Bebel und „Schertz mit der Wahrheit" noch kürzer als dieser erzählt. Erst der Verfasser des 4. Bändchens der Münchhausiaden hat die Lüge wieder hervorgesucht.[172]

Die zweite Lüge, welche Bebel seinem Lügenschmied in den Mund legt, hat vielleicht an die sprüchwörtliche Redensart „unter das Eis gehen", so viel wie „spurlos verschwinden"[173], angeknüpft: besteht sie doch lediglich in der Erzählung des Schlossers, er sei einmal ins Eis eingebrochen und dadurch nach längerem Umherirren unter der Decke den Feinden entgangen. Grösser als bei Bebel und dem ganz an ihm sich haltenden Kirchhof[174] ist die Aufschneiderei bei Frey, der den Reiter fünf Tage in der Donau zubringen lässt.[175] Auch aus dieser Lüge macht er eine wirkliche Erzählung, besonders gibt er ihr einen localen wie geschichtlichem Hintergrund. Dass er die Geschichte nach Ungarn verlegt, ist vielleicht ein Hinweis darauf, dass er weniger Bebel als Quelle folgte, als vielmehr dem fast alle seine neuen Zeitungen in die Kronländer verlegenden Lügengedicht, welches vorhin schon erwähnt wurde. Der 18. Zeitungsträger berichtet dort auch diese Lüge, will drei Tage lang unter dem Eis geritten sein u. s. w. Jedensfalls beweist das Auftreten der Lüge auch in dieser Verarbeitung, dass sie eine allgemeine Verbreitung genoss, Bebels Schlosser sie nicht selbst erfand, sondern nur neben den andern Lügen, die er erzählte („multa alia non facilia credita narravit") colportirte. Dass der Verfasser der Zimmerischen Chronik aus Bebel schöpfte, wenn er den Grafen Hans von

Nassau die Geschichte mit Beziehung auf den Rhein erzählen lässt[176], ist nicht ausgeschlossen, zumal da er selbst
sagt, dass er Bebels Faceticn gelesen habe.[177]

Auch die Lüge vom durchschnittenen Pferde stammt
nicht aus der Fabrik des Cannstadter Schmieds, wenn er
auch ihr erster Gewährsmann ist. Durch den Anblick eines
fallenden Schutzgatters vielleicht im Kopfe eines anschlägigen
Gesellen entstanden, hat sie ihren Weg nicht nur zu Bebel,
sondern auch zu dem Verfasser des Lügengedichts gefunden; es ist denkbar, dass der Lügenschmied bei seiner
Neigung für Lügenschnurren dieselbe Quelle sich erschlossen
hatte, aus welcher die gereimten „Lügenden" schöpfen, und
dass er als echter Lügner diese wie die vorhergehende
Lüge als eigenes Erlebniss vortrug. Kirchhof bietet wieder
nichts Besonderes, auch Vincentius nicht, dem sie Heinrich Julius in seinem Schauspiele von Vincentio Ladislao aus dem Wendunmuth schöpfend, in den Mund legt.[178]
Der 18. Zeitungsträger berichtet sie mit der Abweichung
aus Ungarn, dass er das Fehlen des Hintertheils seines
Thieres erst gewahrt, als er sich anschickt, es zu tummeln.
Denselben Zug hat auch Frey, der die Geschichte nach
Masier verlegt und den Buchdrucker Martin Breit (alias
Flach) in Strassburg zum Helden des tragikomischen Aben-
teuers macht.[179] Wenn er diesen vorher noch einem Verwundeten aus Barmherzigkeit den Kopf abhauen lässt, so
kann man aus der Verwerthung derselben Besonderheit,
durch Münchhausen (an einer anderen Stelle) darauf
schliessen, dass ihm die Gartengesellschaft vorlag. In
geschickter Weise ist bei ihm, abgesehen von dem
noch zur Vervollständigung der Lüge erfundenen Bericht
über die Thaten des Hintertheils, zugleich eine Verquickung dieser Geschichte mit dem Märchen vorgenommen, das die beiden Hälften mit Ruthen zusammen-
heftet, um einen Baum oder eine Laube daraus hervor-
wachsen zu sehen. An das Märchen Clauerts und an den
Finkenritter werden wir auch dadurch erinnert, das Frey
an den von ihm gemeldeten Fall die Reflexion anknüpft,
die Sache hätte gefährlich werden können, wenn die vordere

Hälfte des Pferdes weggeschnitten worden wäre und dieses
so das Gesicht eingebüsst hätte. Die weite Verbreitung der
Geschichte schon im 16. Jahrh. erhellt auch aus ihrem Auftreten im französischen Lügenbuch, wo sie einem „taillandier"
im Kampfe gegen die Hugenotten zustösst. Wie man, falls
uns nur die Darstellung der Gartengesellschaft bekannt wäre,
aus der gewandten und ausführlichen Art derselben auf eine
schon früher vorhandene Bearbeitung im Stilo Kirchhofs
schliessen würde, so ist, wie schon einmal hervorgehoben
wurde, die französische Fassung in „La nouvelle fabrique"
aus demselbe Grunde kaum die in ihrer genuinen Gestalt.

Ob Bebels Schlossergesell die biblische Erzählung vom
Propheten Jonas wieder aufnimmt, wenn er behauptet, einmal von einem grossen Fisch verschluckt worden zu sein,
wird sich kaum entscheiden lassen. Ist Bebel doch sicher
auch gänzlich unabhängig von Lucian, in dessen wahren
Geschichten diese Lüge einen grossen Theil des ersten
Buches einnimmt und auch noch ins zweite reicht. Unter
Bebels Lügenschnurren ist diese die ausführlichste, das Reiten
längs des Flusses hin, die Rede und Gegenrede zwischen
Herr und Knecht, der Verkauf des Fisches auf dem Markte
u. s. w. sind zwar einfache, aber doch im Verhältniss zu
den übrigen Schnurren einigermassen luxuriöse Ausschmückungen, die vielleicht schon vor Bebel traditionell waren.
Kirchhof und nach ihm Heinrich Julius sind in keiner Weise
über Bebel hinausgegangen.[150] Ein Volksbuch vom „lügenhaften Aufschneider" folgt der Tradition ebenfalls, indem
es die von Bebel erwähnte Fischreuse, in der sich der
grosse Fisch befindet, beibehält, doch wird in ihm eine
ganze Compagnie verschluckt, die drei Wochen im Fische
zubringt, eine Stadt zu bauen beginnt u. s. w.[151], Dinge,
welche vielleicht schon unter dem Einflusse Lucians zu der
Lüge hinzutraten. Diesem folgt Münchhausen sicherlich,
wenn er einen Walfisch ein ganzes Schiff verschlucken lässt
u. s. w., worin man sogleich einen Zusatz Bürger's erkennt,
zumal da der Baron schon vorher erzählt hat, er sei einst
in einen Fisch geschlüpft und wieder heraus geschnitten
worden.

Die Geschichte von dem Eber, der seinen Zahn in einen
Baum stösst und vom Lügenschmied vernietet wird[182], ist
auch in das Märchen vom tapfern Schneiderlein verwebt,
das zuerst in des Montanus Wegkürzer erzählt wird.[183]
Wenn sich der tapfere Held desselben hinter den Baum ver-
steckt, so blickt die Lüge bei Bebel hindurch; Vincentius dagegen nimmt aus der Uebersetzung Kirchhofs die Ungenauig-
keit mit auf, dass er sich in den hohlen Stamm der Eiche
verkriecht. Das Verstecken hinter den Baum, welches auch
Münchhausen nicht unter seiner Würde hält, ist jedenfalls
naiver, als wenn der „Serrurier" im französischen Lügenbuch auf den Baum klettert, und erklärt auch das Durch-
stossen des Baumes seitens des Ebers besser. Wenn der
Canstatter Schlosser das Vernieten als ein in sein Fach
schlagendes Stück Arbeit betrachten kann („in mentem venit
ut districti pugionis capulo dentis aciem, ut solent fabri
dum arcularum clavos incurvant, reflectere et retunderet"), so
bedient sich Vincentius seines Dolches, „le pauvre Serrurier"
befestigt den Zahn „avec son marteau", Münchhausen hämmert
ihn mit einem Stein um und Abraham a S. Clara, der die
Geschichte auch erzählt, lässt den Zahn mit einem Bohrer
angebohrt werden.

In Befolgung des Spruches: „Wer da hat, dem wird
gegeben" schreibt Kirchhof die Lüge vom abgeschossenen
Ferkelschwanz ebenfalls dem Lügenschmied zu. Diese Un-
genauigkeit ist jedoch auch die einzige Abweichung, mit
der er die Schnurre nach Bebel wiedergiebt; Pauli setzt
nur einen Bären an Stelle des Schweines, ebenso „Schertz
mit der Warheyt", während Vincentius die Geschichte etwas
umständlicher erzählt. Doch ist bei ihm nicht sowohl Ueber-
legung als Zufall im Spiele, wogegen im „Kurtzweiligen
Reyssgespan" von Talitz von Liechtensee v. J. 1702 der
Jäger erst Erwägungen anstellt, auf Grund deren er den
Frischling zu schiessen beschliesst: „weil die alte blind, könte
sie ihm nicht entlaufen und werde damit beyde Schweine
bekommen, so er aber die alte zuerst fällete, werde die junge
davon laufen etc."[184] Ein solches Raisonnement wäre ganz
im Sinne Münchhausens, der denjenigen für einen tadelns-

werthen Weidmann erklärt, „der sich überall nur auf das
Ohngefähr oder sein Gestirn verlassen wollte, ohne sich
um die besonders erforderlichen Kunstfertigkeiten zu be-
kümmern u. s. w." Trotzdem ist die Erbeutung der Bache
und des Frischlings auch bei ihm eine Fügung des Glücks,
und er folgt vielleicht der französischen Darstellung, die trotz
ihrer Breite einen solchen Zug auch nicht aufweist, während
sie wie Münchhausen die Leitung der Bache als eine kindliche Pflicht („instinct de nature, qui ordonne la jeunesse
subvenir à la vieillesse") betrachtet. Wenn der Verfasser
des Münchhausen „La nouvelle fabrique" kannte, so zeugt
es für seinen guten Geschmack, dass er den Zusatz in ihr
fortliess, nach welchem auf das Geschrei des alten Ebers
bei seiner Abschlachtung eine Menge junger Wildschweine
ihrem „pere grand" zu Hülfe eilen und ebenfalls gefangen
werden. So hat das französische Lügenbuch auch die bei
Bebel nun folgende Lüge vom umgekrempelten Wolf[155]
noch weiter getrieben, indem der umgewendete Wolf durch
eine nochmalige Umkehrung, eine Retrovertirung in seinen
natürlichen Zustand zurückversetzt wird. Kirchhof findet
schon die einmalige Umkehrung lügenhaft genug, um der
Erzählung die Mahnung vorausgehen zu lassen, nicht zu
pfeifen. Fast wörtlich nach ihm giebt Vincentius sie wieder, er gebraucht auch den Vergleich im Wendunmuth „wie
ein schuster die schuch", eine ungenaue Uebersetzung des
Bebelschen „ut Calciolarius calceum", im Münchhausen:
„wie einen Handschuh" (La nouv. fabr: „ainsique la peau
d'une auguille qu'on escorche"). Heinrich Julius erweitert
die Geschichte noch dadurch, dass er den Johann Bouset
auf eine Frage des Silvester für Vincentius antworten lässt,
dieser habe dem Wolf den Arm so tief hineingesteckt, dass
er nicht habe zubeissen können. Auch diese Geschichte ist
im Lügengedicht aus dem Anfang des 16. Jh. enthalten; der
14. Zeitungsträger will sie ähnlich wie Münchhausen im tiefen Wald und Schnee erlebt haben.

Wohl als eine Verspottung des in voller Weltlichkeit
lebenden Clerus ist die letzte Lügengeschichte Bebels: „De
sacerdote et aucupe"[156] aufzufassen, namentlich bei der satiri-

schen Bemerkung Bebels am Ende: „Ecce quam belle mutuis
mendaciorum illecebris sacerdos ille et faber nugatores egregii
decertant". Es ist nicht zu verwundern, dass die Priester
den Heiligen Dinge als Wunder andichteten, die im Leben
als Lügen im Schwange waren, wenn sie, wie hier, auch im
Wettkampf mit profanen Lügenschmieden auftreten. Findet
neben andern weltlichen Genüssen das Waidwerk Pflege bei
ihnen,[187] so auch das, was zu einem rechtschaffenen Jäger
gehört, das Jägerlatein. Es muss dazu dienen, die ihnen
anvertraute Heerde, wie Kirchhof sich ausdrückt, „mit seltzamen und wunderbarlichen Geschichten frölich zu machen."
Auch darin ist vielleicht eine etwas spöttische Absicht Bebels
zu erblicken, dass er einem Priester gerade eine Geschichte
in den Mund legt, die nicht durchaus glücklich verläuft,
dass der vom Wildschwein verschlungene Reiher sammt dem
Falken beim Zerlegen des Schweines davonfliegt und ihm
das Nachsehen lässt. Auch diese Lüge entlehnte Heinrich
Julius aus dem Wendunmuth, ohne eine Veränderung an ihr
vorzunehmen.

Das Lügengedicht „Neue Zeittung auss der gan-
zen welt", von J. M. Wagner in der Zeitschr. f. d. A. (1873) 16,
437—464 mitgetheilt, gehört der Zeit seiner Abfassung nach in
den Anfang des 16. Jh., wie Wagner S. 465 auf Grund seiner
Sprache und seiner Reime beweist. Es enthält noch neben
den vier schon aus Bebel bekannten Schwänken eine ganze
Menge anderer Lügen, die mit den übrigen Bebels zusammen
wohl den ganzen Vorrath der Aufschneidereien darstellen,
die zu Anfang des 16. Jh. namentlich in Süddeutschland allgemeine Verbreitnng geniessen mochten. Den Hauptstock
dieser hier zu einem Ganzen verarbeiteten Lügenschwänke
bilden diejenigen sechs, welche das Gedicht mit einer Erzählung in Val. Schumanns Nachtbüchlein: Geschicht von
sechs Studenten[188] etc. gemeinsam haben. Da das Nachtbüchlein erst 1559 erschien, so könnte man meinen, Schumann
habe seine Erzählung aus dem Lügengedicht geschöpft. Dem
ist jedoch nicht so. Vielmehr liegt beiden éine gemeinsame
Quelle zu Grunde, die das Nachtbüchlein vielleicht ganz unversehrt repräsentirt, während das Lügengedicht sie viel aus-

4*

führlicher und umständlicher wiedergiebt. Dass Schumann
das Gedicht nicht etwa in Prosa auflöste, beweist einestheils, wie Wagner S. 465 ausführt, das Fehlen eines jeg-
lichen äusseren Merkmales, aus dem man schliessen könnte,
dass man es mit einer Prosaauflösung zu thun habe, anderntheils ist durchaus kein Grund zu erkennen, warum Schumann
gerade sechs Lügen, die im Gedicht eine ganz andere Reihenfolge innehalten, herausgriff und zu einer Prosaerzählung
verarbeitete, die übrigen aber bei Seite liess. Wenn Schumann
nicht mehr Lügen enthält als diese sechs, so ist die einfachste Annahme die, dass ihm seine Quelle auch nicht mehr
bot. Der unbekannte Verfasser des Lügengedichtes hingegen
verarbeitete ausser diesen in einer ältereu Vorlage euthaltenen
die vier auch von Bebels aufgezeichneten und ausserdem
noch eine Anzahl vorher nirgends nachweisbarer Lügen, und
dies in einer so weitschweifigen Fassung — unbeschadet der
Anmuth der einzelnen Schwänke —, dass ihr gegenüber die
Erzählung im Nachtbüchlein in ihrer Kürze und Einfachheit
den Eindruck des Ursprünglicheren machen muss. Sie ist
dabei, wie Wagner sagt, wie aus éinem Guss, und Spuren
etwaiger Verkürzung fehlen ihr durchaus. Die Annahme
einer älteren Quelle stimmt auch zu dem Character der
ganzen Sammlung Schumanns, dessen Schwänke oft auf
alte, lange vergessene Erzählungen zurückgreifen. Eine Be-
obachtung der einzelnen Lügen und Vergleichung der zwei
Bearbeitungen ergiebt zudem noch einige Verschiedenheiten
zwischen ihnen.

Was beide gemeinsam haben, ist die Einkleidung und
die ansprechende Aneinanderreihung der Lügen. Ein Wirth
verspricht Dem seiner zahlungsunfähigen Gäste die Zeche
zu schenken, der ihm nach Jahr und Tag die grösste Lüge
zu sagen weiss, eine Motivirung nach Art der Märchen,
welche einen Preis auf die Lüge setzen. Die Lügen selbst
werden dann in der Weise vorgetragen, dass die von
Einem vorgebrachte durch die eines Andern ergänzt und
bestätigt wird. Im Nachtbüchlein findet sich der Wirth
sogleich in die Situation und macht den sechs Studenten —
diese sind von vorn herein die Helden der Erzählung, die

nach Passau verlegt wird — ohne Weiteres seinen Vor-
schlag. Der Wirth im Gedichte dagegen versteht sich erst
nach längerem Hin- und Herreden zum Borgen, ein Ort
wird trotz der Breite der Einleitung nicht genannt, und
ebenso bleibt auch die Zahl der wandernden Gesellen zu
Anfang unbestimmt, die im Verlaufe der Erzählung auf 18
anschwillt, also die Gutmüthigkeit des Wirths auf eine nicht
leichte Probe stellt. Dem Verfasser lief eben der Stoff unter
den Händen auf, und die Zahl der seiner Vorlage hinzuzu-
fügenden Lügen kannte er selbst nicht.

Die Lügen des ersten und zweiten Studenten im Nachtbüchlein von dem grossen Vogel und seinem Ei in Ofen
bilden im Gedicht den Gegenstand der 7. und 8. Zeitung.
Die Vorstellung von einem so grossen Vogel greift bis in
den Orient zurück; wenn Lucian im 2. Buch seiner wahren
Geschichten von der colossalen Grösse eines solchen, seines Nestes und seiner Eier fabelt und im Münchhausen der
riesige Eisvogel einen Menschen in die Höhe nimmt, so
ist dies unschwer mit den Reiseerzählungen Sindbads in
Verbindung zu setzen, in denen vom Vogel Rokh berichtet
wird.[189] Die Fabeleien von diesem Vogel Ruck oder Greif
gehören zu den wunderbaren Dingen, welche die Reisenden
und Bücherschreiber aus fernen Ländern berichten, wie speciell die mit Hülfe desselben bewerkstelligte Luftfahrt in
den Märchen vieler Völker auftritt. Die Lüge der Studenten im Nachtbüchlein findet sich allerdings sonderbarer
Weise sonst nirgends.[190]

Wie die Lüge des Boten vom gedörrten Schnee erklärt
sich auch der Bericht des dritten Gesellen vom Ausbrennen
der Donau auf der Strecke von Pressburg bis Wien (im
Nachtbüchlein zwischen Wien und Regensburg). Es ist ebenfalls eine alte sprüchwörtliche Redensart, die hier zu einer
neuen Zeitung verwerthet wird. Schon griechische und
römische Schriftsteller „gebrauchen, um das Unmögliche zu
bezeichnen, die Phrase, ehe sollte die Welle Feuer werden
oder mit dem Feuer sich verbinden."[191] Bei uns wird diese
Wendung namentlich gern auf den Rhein, die Donau, auch auf
die Elbe bezogen, und sie bildet ebenso wie die vom Brennen

des Eises und Schnees eine häufig gebrauchte, auch von den
Lügenstücken verwerthete Formel.[192] Ob man mit Mone
darin „eine Erinnerung an den heidnischen Untergang der
Welt erblicken darf, worin die Erde und das Meer durch
Feuer zerstört wird",[193] ist in Hinblick auf die classischen
Sprachen fraglich. — Wenn der vierte Gesell noch gebratene
Fische hinzufügt, die er an der Donau entlang gesehen
haben will, so ist auch dieser Zug schon im Griechischen, bei
Lucian vorgebildet, der im zweiten Buch von einem Feuer-
strom mit Fischen erzählt. Das Volksbuch vom „lügenhaften
Aufschneider" bringt beide Lügen mit einander verbunden,
indem es ungeschickter Weise die Fische 4 Meilen breit auf
dem Weg aus Ungerland nach Wien liegen, die Donau aber
von Wien bis Regensburg ausgebrannt sein lässt,[194] wie es
sich denn auch sonst als eine wenig sinnreiche Compilation
der verschiedenen Aufschneidereien erweist.

Die Lüge des fünften Studenten besteht in der Nach-
richt vom Tode des Herrgottes, während die erste Zeitung
den der Mutter Gottes meldet, und zwar aus Buxa in Lap-
penland. Die Leiter, von der der sechste berichtet, ist in
Linz in den Himmel gelehnt, die zweite Zeitung aber verlegt sie nach Kaltbrad in Schlaraffenland. Jedesfalls hat
man hier Buxa und Kaltbrad als Zuthaten einer Phantasie
zu betrachten, die darauf ausging, den ihr vorliegenden
einfachen Schwank zu vervollkommen. Zu der Hereinzie-
hung des Schlaraffenlandes passt es ganz gut, wenn im
Gedicht „die weiber jung und kinder alt" Zuckererbsen und
Lebkuchen aus dem Himmel mitbringen, während Wurst
und Semmel bei Schumann Zeugniss ablegt für den einfachen Sinn der Linzer. Betreffs der Himmelsleiter braucht
wohl kaum auf die verwiesen zu werden, welche Jacob im
Traume sah; die Stelle in der Wiener Hs. des 13. Jh. V. 18:
„er lüge ê, daz ein stiege in den himel reihte" nimmt vielleicht schon Bezug auf die Lüge, die hier dem Wirth aufgetischt wird. Unter den Märchen, die von dem Hinaufsteigen
in den Himmel berichten, ist namentlich das wendische
hervorzuheben, in welchem der Bauer Semmel und Brod aus
dem Himmel mitbringt.[195] Endlich sei noch des Gedichtes

von Lazarus Sandrub erwähnt, in welchem ein Wirth von
einem angeblich „von oben rab" kommenden Abenteurer sich
berichten lässt, „was droben unser Herr Gott thut."[196]
Wenn Schumann ganz sachgemäss die Erzählung mit
der Lüge vom Tode Gottes abbricht — auf sie kann ja
etwas anderes nicht mehr folgen, mit dem Tode Gottes
hört Alles auf, — so hat der Verfasser des Gedichtes noch
eine Menge anderer Lügen im Vorrath, die er ganz mechanisch
hinzuverarbeitet. Er „lässt anschiessen, was ihm von ähnlichen Geschichten sonst bekannt ist", und reimt munter
weiter, bis er Lügen unter die Hände bekommt, welche eine
Vertheilung auf zwei Zeitungsträger nicht ermöglichen —
Neues dazu zu erfinden hatte er vielleicht nicht das Zeug.
Als 5. und 6. Zeitung bringt er die Aufschneiderei von
der grossen Rübe bei Strassburg und dem grossen Kessel,
von dem der Wirth vermuthet, dass jene in ihm gekocht
werden soll. Die grosse Rübe bildet den Gegenstand des
Märchens Nr. 146 bei Grimm, dessen lateinische Abfassung
schon ins 14. Jh. fällt,[107] und dass Strassburg als ihr Stand-
ort angegeben wird, hat seinen guten Grund: die Rüben
von Strassburg erfreuten sich einer ganz besondern Grösse,
auch Fischart gedenkt ihrer in der Vorrede zum Ehezucht-
büchlein. Wenn in der grossen Menge von Schwankbüchern,
welche die Lügen des 5. und 6. Gesellen aufgenommen haben,[198] an Stelle der Rübe ein Kohlkopf oder eine Krautstaude
tritt, so geschieht dies jedenfalls in Anlehnung an das (west-
phälische) Märchen, in welchem ein Junge an einem Kohlkopf in den Himmel steigt. Auch in den siebenbürgischen
Märchen wird einem „Kampesthaupt" eine solche Grösse an-
gelogen, dass eine Menge Zigeuner ihre Zelte unter ihm auf-
schlagen und zwar in so weiter Entfernung von einander, dass
sie einander nicht hören, wenn sie schmieden und mit ihren
Weibern zanken,[199] die Aufschneiderei von der grossen
Pfanne, deren Verfertiger einander ja auch nicht hören, ist
hier also auf das Krauthaupt übertragen, eine Verquickung
von beiden Lügen vorgenommen.
Noch in anderer Weise sind die beiden Aufschneidereien
zu einander gestellt und miteinander verbunden, so zwar dass

Einer vom Kohlkopf aufschneidet, ein Anderer aber die Lüge vom Kessel erzählt in der Absicht, den Ersten zu übertrumpfen und dadurch zugleich als Aufschneider blosszustellen. In dieser Form ist sie in den meisten Schwanksammlungen erzählt, besonders geschickt in einer französischen Fassung: nachdem die Erzählung eines Weitgereisten von diesem grossen Kohlkopf „d'une si prodigieuse grosseur, que 2000 hommes ne le pourvient manger en un repas" in der Gesellschaft nur Unglauben begegnet ist, stellt ein Andrer die Sache als durchaus nichts Aussergewöhnliches hin: „Je me souviens moi, qui n'ai pas été si loin que lui, d'avoir vu quelque part une chaudière d'une si grande circonference" etc., worauf der Weitgereiste erwidert: „Vous nous la baillez belle avec votre chaudière, mais prenons que ce que vous dites soit vrai, que vouloit on faire d'une si monstreuse machine? — C'étoit pour y faire bouillir votre chou, répondit l'autre."[200] Der Kessel ist jedenfalls die Hauptsache, da mit ihm jegliche Aufschneiderei überboten werden kann, wenn es der Betreffende nur halbwegs geschickt anfängt. Er wird auch zu Hülfe genommen, wenn Einer von einem grossen Kalbskopf oder wie Vincentius von dem grossen Fisch aufschneidet. Eine zwar überflüssige, aber nicht üble Zuthat ist es, wenn auch von einem grossen Dreifuss erzählt wird, auf welchen der Kessel vermittels mächtiger Krahne gewunden wird, und es dann weiter heisst: „Wie eine Seite des Kessels in vollem sieden war, stund die andere Seite voller Eiss":[201] so kann die Lüge ins Unendliche potenzirt werden.

Der 9. und 10. Zeitungsträger berichten von den eingefrorenen und wieder aufgethauten Worten. Die Lüge ist jedenfalls so alt wie die bezeichnende Wendung: „er thaut auf", von Einem, der anfängt gesprächig zu werden. Wie geläufig die Vorstellung von dem Gefrieren der Worte schon im Alterthum war, beweist die Stelle bei Plutarch (De profect. virt. sent.): ὁ γὰρ Ἀντιφάνης ἔλεγε παίζων, ἔν τινι πόλει τὰς φωνὰς εὐθὺς λεγομένας πήγνυσθαι διὰ ψύχος, εἶθ᾽ ὕστερον ἀνιεμένων ἀκούειν θέρους, ἃ τοῦ χειμῶνος διελέχθησαν οὕτω δὴ τῶν ὑπὸ Πλάτωνος ἔφη νέοις οὖσι λεχθέντων, μόλις ὀψὲ τοὺς πολλοὺς αἰσθάνεσθαι γέροντας γενομένους.[202]

Auch Rabelais und Addison verwertheten diese Parabel und
Münchhausen, dessen eingefrornes Posthorn die Lüge wohl
am nettesten repräsentirt, hat schon in der Zimmerischen
Chronik einen Vorgänger gefunden: ein Narr umwickelt seine
Sackpfeife mit einer zerschnittenen Pelzdecke, da er fürchtet
die erstere könne einfrieren.²⁰³

Die Vorstellung von dem mit Bretern verschlagenen
Weltende, welche in der 11. und 12. Zeitung zum Ausdruck
kommt, ist ähnlich schon im Volksbuch von St. Brandau vorhanden, wo „das gezwerg" sagt, „daz die welt do ein end
het und das Gedoen das sie hetten gehoert und hoerten,
das wer ein andre welt under der erden".²⁰⁴ An dieser Stelle
ist demnach auch schon die Zweitheilung der Lüge gegeben.
Die Anschauung vom Weltende, als einem düstern und durchaus unfreundlichen Ort, wo Sonnen- und Mondschein auf
einem Haufen liegen und verschimmeln, herrscht auch im
Märchen von den sieben Raben vor (bei Grimm Nr. 25). Als
Lüge tritt jedoch diese Vorstellung vom Weltende nirgends
auf als an dieser Stelle.

Die Lügen der letzten 6 neuen Zeitungen waren jedenfalls schon in der mündlichen Tradition so getheilt, wie es
im Lügengedicht der Fall ist. Kohlkopf und Pfanne, Gefrieren und Aufthauen, Diesseits und Jenseits der Breterwand
boten sich dem Dichter ungesucht von selbst dar. Die Stoffe
der nun folgenden Lügen gestatteten ein ferneres Durch-
führen der Zweitheilung nicht mehr, ja um die Zeitungen
nicht zu kurz ausfallen zu lassen, sieht sich der Verfasser
des Gedichts genöthigt, einem Gesellen mehrere Lügen in den
Mund zu legen.

Die 13. Zeitung beschäftigt sich mit der Lüge vom Schneedörren, die schon von Bebel aufgezeichnet wurde. Die 14.
dagegen ist eine neue. Wenn hier der Wachtposten im
Schlafe aus der Kartaune fortgeschossen wird, um in einem
Wald in tiefen Schnee niederzufallen und einen ihm begegnenden Wolf umzukrempeln, so fügt schon der Aufschneider
Urban Fettsack die Lüge hinzu, dass er mit einer ihm begegnenden Kugel wieder zurück ins Lager gelangt sei.²⁰⁵
Münchhausen dagegen verfährt von Anfang an mit vollem

Bewusstsein und Plan; um zu recognosciren, lässt er sich absichtlich fortschiessen. Dass er freilich erst unterwegs, nachdem er einmal so grosse Kühnheit gezeigt, andern Sinnes wird und zurückkehrt, ist weniger gut motivirt.

Die Besteigung des Berges in Armenien, auf welchem sich die Arche Noahs befindet, wird nirgends anders so erzählt als in der 15. Zeitung. Die Lüge schliesst sich jedesfalls an Das an, was Joh. v. Montevilla in seiner, 1484 von Otto von Diemeringen übersetzten Reisebeschreibung vom Berge Ararat erzählt. In Armenien sicht dieser den Berg Ararach „das war die erste Statt, da Noe Erdtrich fandt, als er in der Archen war, und ist die Arche noch daselbst, und sihet man sie noch, wenn es hell wetter ist. Und ist derselbig Berg Ararach viel meilen hoch. Und sprechen etliche, sie seyen darauff gewesen, haben die Archa gesehen, und das Loch, da die Taub ausfloge, da Noe sprach: Benedicite. Aber ich glaub es nicht für war, dann da ich im Landt war, da were ich gern darauf gewesen, denn ich war da im Aug[u]st[o], als es heiss war, und ist der Berg als gahe, und Sommer und Winter voll Schnees, das wider Vieh noch Mensch darauff kommen mag, es geschehe denn Gottes Wunder." Ein solches sei einem Mönch widerfahren, der „ein Bort von der Archen zum warzeychen" mitgebracht, welches er, Montevilla, gesehen habe. Vielleicht kann man diese Lüge in Zusammenhang bringen mit der des wendischen Märchens, in welchem ein Hahn auf einem Misthaufen stehend die Sterne aus dem Himmel pickt, wie der Gesell hier „viel pletz" vom Himmel abreisst.[206]

Der 16. Zeitungsträger gehört gleich dem vorigen zur Classe Derer, welche Wunderdinge aus fernen Landen berichten. Lucian gegenüber, der mit orientalischer Uebertreibung von riesigen Luftmücken, Flöhen so gross wie 12 Elephanten, Spinnen gleich den Cykladen, Pferdeameisen u. s. w. berichtet,[207] verfährt das Gedicht immer noch glimpflich. Kennzeichnet sich das Lügengenie des Aufschneiders dadurch, dass er die Bienenstöcke seinen schafgrossen Bienen nicht entsprechend macht, als ein weniger schlagfertiges, so ist die Art, wie er den Kopf aus der Schlinge zieht, vollends grob zu nennen. In derselben Gestalt findet sich die Lüge in einer ziemlichen Anzahl von Anecdotenbüchern,[208] während Münchhausen die Gegenfrage nach der Grösse der Bienenstöcke einfach nicht stellen lässt. Ebenso wie die 15. Zeitung hat auch die in der 17. berichtete Lüge den Character eines ἅπαξ εἰρημένον. Dem Gesellen, der so stark ist, dass er beim „abbengeln der nusz" seinen eignen Arm wegwirft, lässt sich nichts Aehnliches an die Seite stellen. Die Lügen der 18. Zeitung sind die bereits aus Bebels bekannten (vom durchschnittnen Pferd und dem Ritt unter dem Eis). Ob der Verfasser des Gedichts die auch von Bebel berichteten Schnurren auch aus diesem selbst entlehnte, scheint mir durchaus zweifelhaft. Denn dann würde er sicher auch die übrigen Lügen Bebels verarbeitet haben; ein Grund sie wegzulassen, während er andere kaum so verbreitete und zu Lügenerzählungen weniger sich eigneude Dinge heranzog, ist wenigstens nicht ersichtlich.

Da das Gedicht nur als Anhang zu der ersten Ausgabe des Lalenbuches von 1597 Verbreitung finden konnte, so dürfte eine directe Einwirkung von ihm auf die Schwänke-sammlungen, welche einzelne seiner Lügen enthalten, kaum anzunehmen sein; und man hat in seiner Seltenheit auch den Grund dafür zu erblicken, dass einige Züge nur in ihm als Lügen auftreten. Der einzige, der von dem Gedichte Gebrauch machte, ist Joh. Sommer, der am Schlusse des ersten Theils seiner Ethographia Mundi sämmtliche Lügen in einem prosaischen Auszug giebt: er hatte das Lalenbuch von 1597 vor sich und hielt den „Herrn Lalen von Lalenburg" für den Verfasser des Gedichtes, da er ihn als einen Lehrer der Lügenkunst bezeichnet, s. oben S. 36.

Die sechs Lügen des Nachtbüchleins hat dagegen Eucharius Eyring im zweiten Theil seiner Copia Proverbiorum (Eissl. 1601, S. 59 ff.) in Reime gebracht, die freilich formell hinter denen des Lügengedichtes zurückstehen. Wenn er dabei auf Schumanns Erzählung fusste, so hielte er sich doch keineswegs streng an sie, sondern verfuhr mit einer gewissen Freiheit. Er hat dieselbe Einleitung wie Schumann, jedoch aus-

fährlicher, Einzelnes hübscher. Der Wirth erachtet die sechs
Studenten „für tapfre Leut, dieweil sie alle wohl bekleidt,
Bereit in bald ein köstlich mal, Gedacht sie können wol
bezahln . ." Dann nimmt er die Kreide zur Hand, aber „Do
war niemand der geld auffzalt," und den Mangel des Goldes
trotz ihres noblen Aeussern erklären die Studenten dem un-
willigen Wirth durch ihren Stand und ihre Sitte: ihr Brauch
sei, sich so lange gut zu kleiden und gut zu loben, „dieweil
bey in ein grosch thet wern, Wann aber nichts in seculo,
Machtens den Wirth mit singen fro, Das wer der Studenten
gebrauch, In deren zunfft sie ghorten auch." Diese Erklärung bewirkt den Umschwung in der Stimmung des Wirths:
„Als nun der Wirth hie thet erfahrn, Das es eitel Studenten
warn, So fern wolten in frembde Land die im und in noch
unbekandt, Sprach er sie solten ziehen hin, Die Zech die
wolt er borgen in Biss sie ohn gfehr uber ein Jahr Widerumb zu im kumen dar, Jeder ein Lügen brecht nicht klein
Die doch der Wahrheit gmess thet sein, Wolt er sie
ledig geben thun, Und noch ein Mahlzeit schenken darzu."
Die Lügen werden dann ganz so wie im Nachtbüchlein,
ebenfalls kürzer wie im Gedicht, berichtet, nur dass über-
einstimmend mit diesem der Tod der Mutter Gottes ge-
meldet wird. Der Wirth macht gleichfalls auf eine jede
sich selbst seinen Vers, kommt aber schliesslich auch selbst
auf die Vermuthung, dass er alte Bekannte vor sich habe:
„Ich habs mein lebtag nie gehort, Wie das des ersten
Menschen wort So lügenhafftig klingen fein, und in des
andern Warheit sein, Das sind gewiss die Gesellen zwar" etc.
Von einer Entscheidung darüber, wer die grösste Lüge gethan habe, ist nicht die Rede, da er ja Allen die Zeche
zu schenken versprochen: „Und was ich gredt wil ich in
halten, Dan sie der lügen gmacht ein gestalt."
    Endlich ist noch das Schauspiel des Heinrich Julius:
„Vom Wirth und den drei Wandersgesellen" anzuführen, in
welches die schon an sich dramatisches Leben enthaltende
Erzählung Schumanns mit verarbeitet ist. Die Reihenfolge
der Lügen ist darin umgekehrt, und die Gesellen kommen alle
drei aus Rom und verlegen die dem neugierigen Wirth

berichteten Neuigkeiten auch dahin. Heinrich Julius hat
ausserdem die Aenderung vorgenommen, dass an der Fabri-
cirung jeder (Doppel-) Lüge alle drei hintereinander und in
Abhängigkeit von einander thätig sind. Sie wiederholen
also ihr Auftreten, ihre angebliche Ankunft aus Rom dreimal.
Die dadurch bewirkte Einförmigkeit sowie die Dummheit des
Wirths, der durch ihre Verkleidung sich auch irre führen
lässt und nichts Auffälliges findet, kann natürlich nicht besonders ansprechen. Um den Dritten immer sein Theil zu
den Lügen hinzu thun lassen zu können, muss er Zusätze
und Ausschmückungen ersinnen, welche nicht übel wären,
wenn nicht zu viel Einförmigkeit darin herrschte. Neu ist,
dass der Dritte (bei Holland S. 304) ein Stück von dem
Brod vorzeigt, welches angeblich die Engel ausgetheilt haben,
dass das Fortfliegen des Vogels ein Erdbeben erregt und
Jedermann hinzuläuft, vom Inhalt des in Stücke gehauenem
Eies „mit Pfannen, Töpffen und Hüten" zu bergen, was zu
bergen ist, wobei der dritte Theil „unter die Füsse vertretten
wird." Die ganze Stadt verfällt nun „in ein schreckliches
Kuchbacken." Der Dritte zeigt auch hier wieder ein Stück
Kuchen vor, während er ein Stück Eischale, da es ihn am
Marschiren hinderte, unterwegs in einen See geworfen hat,
unglücklich genug, indem es ein Schiff traf und zerschellte.
Auch wird auseinandergesetzt, wie es gekommen, dass die
Tiber ausbrannte (Feinde haben brennende Kugeln hinein-
geworfen u. s. w.). Der Dritte kann wieder nicht unter-
legen, ein Stück Bratfisch vorzuzeigen. Wenn Heinrich Julius
dies Alles ganz hübsch erfindet, so verdirbt er sich andrer-
seits den Gesammteindruck dadurch, dass er die Gesellen
immer schon vorher ausmachen, was sie thun und sagen wollen
und dass er den Wirth die Lügen für baare Münze nehmen
lässt. Seine Dummheit tritt in ein um so grelleres Licht,
als sie in seinem Knecht Johan Bouset eine Folie erhält, die
nicht weniger abgeschmackt erscheinen muss. Den Mutter-
witz, den er vor seinem Herrn voraus hat, benützt er wie
ein altkluges Kind dazu, die einzelnen Lügen ernsthaft unter
die Lupe der Kritik zu nehmen und stört so in pedantischer,
hausbackener Weise fortwährend mit seinen Einreden. Wenn

er bei jeder Lüge ruft: „Das ist nicht war! Lügen! Es sind
Betrüger! Wie kann das Wasser brennen! etc." so erinnert
das an den Meissner, der gegen den Gesang des Marners:
„Ich sllnge ein bispel oder ein spel, ein warheit oder
ein lüge.. Der struz mit sinen ougen rot driu tage an
siniu eyer siht, des werdent uz gebruetet die etc." mit der
ganzen Macht der Kritik ankämpft (HMS 3, 100ᵇ f.):
„Swer sang, daz der strûz si (= sehe) drî tage an sîn eier,
der sanc unreht ... an valschem sange stäfe ich lügenaeres
munt.. er hât gelogen, er lese baz die buoch.. mit wârem
sange wil ich in lügensanc leiden etc." Es ist jedenfalls
das einfachste Mittel, Lügen aufzudecken: sittliche Entrüstung
Verstandesklugheit oder gar, wie das Sprüchwort will, Ohr-
feigen werden allerdings dabei immer den Sieg davontragen.
Wenn aber, wie Luther sagt, „wider die Lügen kein feinerer
Krieg ist, denn sie offenbaren," so kann dieser Krieg auch
noch mit anderen, anmuthigeren und interessanteren Waffen
gewonnen werden. Die Fassung, in welcher die Aufschneidereien vom Kohlkopf und Kessel am beliebtesten zu sein
scheinen, bedient sich bereits des dabei in Betracht kommenden Mittels: den Lügner zu überlügen, nach Gellerts An-
weissung zu verfahren:

„Du musst es nicht gleich übel nehmen,
Wenn hie und da ein Geck zu lügen sich erkühnt!"
Lüg auch, und mehr als er, und such ihn zu beschämen!"

„Der ist gar ein wiser man, Der lug mit lug gelten kan"
heisst es in dem „Maere von des snewes sun",²⁰⁹ wo dieses
Mittel zuerst zur Anwendung kommt, indem der Mann, der
von der Reise heimkehrend einen chronologische Bedenken
in ihm erregenden Sohn antrifft, scheinbar bei der Ausrede
seiner Frau, sie habe einmal Schnee gegessen und die Folge
davon sei der Knabe, sich beruhigt, diesen aber auf einer
Reise in Africa als Sclaven verkauft und daheim behauptet,
die heisse Sonne habe ihn hinweggeschmolzen.

Dasjenige Lügenstück dieser Art, welches durch Gellert
(„Der Bauer und sein Sohn") am bekanntesten geworden
ist, trägt dasselbe Gepräge, wie die Aufschneiderei vom
Kohlkopf und Kessel. Die Erzählung Gellerts tritt deutsch

zuerst auf in der von Steinhöwel compilirten und 1474 erschienenen Fabelsammlung, als Uebersetzung der 17. und letzten Fabel der „extravagantes antique ascripte Esopo", in einer Gestalt, die einigermassen von der Fassung bei Gellert sich unterscheidet. Ein Knecht lügt seinem Herren vor, er habe einen Fuchs gesehen grösser wie ein Ochs, worauf der Ritter durch den Hinweis auf einen Bach, der jeden Lügner ersäufe, den Knecht stufenweise zum Widerruf nöthigt. Mit einer längeren Einleitung über den Knecht und einem die Moral enthaltenden „Beschluss" versehen, im Uebrigen aber in getreuem, oft wörtlichem Anschluss erscheint die Erzählung dann im Schwanke des Hans Sachs vom Jahre 1563: „Der verlogen Knecht mit dem grossen Fuchss", und darnach wieder prosaisch wie bei Steinhöwel in mehreren Schwanksammlungen. [210] Etwas anders und, namentlich in Bezug auf die Motivirung mehrerer Einzelheiten, ansprechender ist die noch vor Hans Sachs fallende Darstellung, in welcher Burkard Waldis die Erzählung in seinem Esopus 3, 88: „Vom lügenhafften Jüngling" dem deutchen Volk vermittelte, und die auch Gellert der des Hans Sachs vorzog. [211] In ihr tritt an Stelle des Lügenflusses die Lügenbrücke, die Vergleiche sind andere, wie denn auch ein Hund statt des Fuchses erscheint. Gefälliger und, wenn man will, psychologisch fein ist es, wenn der Sohn sagt:

> „Vatter, wüllet nit so eilen;
> Sagt mir auch etwan seltzam Schwenck."
> Er sprach: „des Hunds ich noch gedenck
> Der ist gewesen one mass,"

worauf der Lügner sich bewogen fühlt, den Hund kleiner zu machen u. s. w. Auch in dieser Form, mit Einführung der Lügenbrücke, findet sich die Erzählung prosaisch in mehreren Schwanksammlungen, nur mit der Aenderung, dass der Aufschneider die Katzen in Schweden so gross wie die holländischen Kühe sein lässt. [212]

Hans Sachs gewährt aus der Menge seiner Schwänke nur einen, der sich mit Stoffen beschäftigt, die schon vor ihm als Lügen behandelt werden. In Gestalt einer Unter-

weisung, wie man „on Hund mag fahen drey wilde Thier mit
dem abenthewrigen Weidwerk" giebt er in dem 1569 verfassten Schwank: „Drey abentheuerische Weidwerck zu Wildschwein, Wolf und den Bären" eine Darstellung dreier Jägerlügen, von denen zwei aus Bebel und dem Lügengedicht bekannt sind, die dritte aber das einzige Zeugniss dafür bietet,
dass Münchhausen das Kunststück, einen Bär an einer mit
Honig bestrichenen Deichsel zu fangen, nicht selbst erfunden
hat. Seiner Originalität wegen und weil er in seinem letzten
Abschnitt die einzige Quelle für die genannte Lüge Münchhausens gewährt, möge dieser Schwank einen Abdruck im
Anhang finden.[213] Man kann zugleich daraus schliessen,
dass diese Lüge wenigstens ebenso alt ist, als die vom ver-
nieteten Eber und umgekrempelten Wolf, dass Hans Sachs
sie vielleicht gemeinschaftlich in einer Quelle vorfand, und
vielleicht ist auch an eine Beziehung zu der zweiten Lüge
Weigers zu denken.

Einen Anklang an Jägerlügen kann man in dem eben-
falls 1569 verfassten Schwank: „Die drey wunderbaren Fisch-
reusen" finden. Ein Fischer, der wenig fängt, bekommt vom
Pfleger des Dorfes den Rath, drei grosse Reusen auf den
Boden seines Hauses, in den Wald und ans Bachufer zu
legen. Und im ersten fängt sich der Caplan, der mit des
Fischers Frau buhlte, im zweiten ein Hase und im dritten
sieben Rebhühner.[214] Endlich möge noch der Schwank:
„Der bauer mit dem sewmagen" erwähnt sein, welcher bei
Hans Sachs ebenfalls nicht in der Form einer Lüge erscheint,
vom Fortsetzer des Münchhausen aber als solche verarbeitet
wurde. Schon bei Fischart, der diesen mit den Märchen, namentlich dem von den drei Feldscherern (bei Grimm Nr. 118),
verwandten Schwank auch erzählt, trägt er mehr den Cha-
rakter einer Lügenschnurre,[215] und es mag wohl sein, dass
er als solche im Volke umlief.

Fischart erzählt ebenfalls, wie Hans Sachs, keine Lügenschwänke, sondern spielt nur mehrfach in mehr oder weniger
deutlicher Weise auf solche an, manchmal so, dass man es
mit sprichwörtlichen Redensarten zu thun zu haben glaubt.

Eine Anzahl von Stellen der Geschichtklitterung, in

denen Fischart auf Lügen Bezug nimmt, die zu seiner Zeit augenscheinlich einer weiten Verbreitung genossen, lassen darauf schliessen, dass noch so Manches im 16. Jahrh. an Aufschneidereien und Lügenschwänken gangbar sein mochte, was entweder keine Aufzeichnung erfuhr oder doch in einer solchen uns heute nicht bekannt ist. Ausser den schon gelegentlich angezogenen Stellen dieser Art sind noch folgende anzuführen.

Ohne jede Verbindung mit Früherem oder Späterem ist im 9. Capitel der Hinweis darauf, „dass einem Feldflüchtigen im sprung über ein zaun mit eim Schlachtschwert unversehrter Füss alle Vier schuhltümmel seyen hinweg gehawen worden". Die weitere an derselben Stelle berührte Lüge, „Dass einer solchen starcken Brantwein getruncken, dass ihm Nachts vom Athem das Bett angangen" etc.[216], kehrt in etwas anderer Form erst bei Münchhausen wieder, welcher den Dunst anzündet, der dem Schädel eines tapferen Generals sowohl als Trinkers entweicht. Wenn ferner Fischart im 26. Cap. unter andern Reiterkunststücken Gargantuas auch erwähnt: „Er kond wie ein Egyptischer Mammeluckischer Guardiknecht eim Gaul in vollem Lauff ein Sattel gürten",[217] so ist dies der erste Hinweis auf das Märchen von den drei Brüdern (bei Grimm Nr. 125), welches auch im französischen Lügenbuch enthalten ist: „De trois frères, excellens ouvriers de leurs mestiers". Der Schmied fordert daselbst den Herrn, dessen Pferd er im Rennen beschlagen will, noch besonders auf, sein Thier anzuspornen, was jedesfalls mehr anspricht, als die Uebertreibung, die das Volksbuch von Urban Fettsack leistet: der Schmied beschlägt ein ganzes Regiment, „so 3000 stark war", in vollem Rennen.[218] Sehr kurz ist der Bericht, welchen Vincentius von diesem Schmied giebt.[219]

Im 41. Cap. spricht Fischart von einem Fisch, der „soviel Land und Erd auff den Rucken nimpt, das wann er im Meer ligt, es ein Insul scheinet, und so die Schiffleut die Anker drauff auswerffen, dieselbigen zu grund gehen".[220] Man denkt dabei an Sindbad, der auf seinen Reisen auch an Inseln landet, die sich plötzlich als riesige

Fische erweisen.[221] Weniger bekannt dürfte es sein, dass auch der heil. Magulus einst einen Wallfisch als Insel benutzte und das Hochamt auf ihm verrichtete.[222] Als Aufschneiderei freilich muss es erscheinen, wenn es auch Münchhausen passirt, an einem solchen Fisch zu scheitern, der ½ Meile lang ist und in einem hohlen Zahn den grossen Anker und 40 Klafter Tau birgt.[223] Der Verfasser des Münchhausen erkannte, dass ein derartiger Fisch denselben Werth für ihn habe wie der, welcher bei Bebel Ross und Reiter verschluckte.

Unter den Kraftstücken, welche Gargantua auszuführen vermag (Cap. 26), findet sich auch die That Münchhausens, der zwei Trompeter zum Fenster hinaushält, vorgebildet: „Liess ihm, wie der gross Keyser Carl einen Küriser auff die Hand stehen, und hub denselben stracks mit dem einigen Arm auff biss zu seinen Achsseln.“[224] Wenn Fischart seinem Helden dieses Kraftstück andichtet, so passt es nur zu dem überhaupt von ihm entworfenen Bilde. Alles was er an Gargantua beschreibt, bewegt sich in märchenhaft unglaublich grossen Verhältnissen. So wirthschaftet auch das Volksbuch Urban Fettsack nur mit den grössten Dimensionen und Zahlen[225], ebenso die umfängliche Beschreibung eines Riesen im ersten Theil Katzipori. Es ist kaum nöthig, hier des Weiteren über die Riesen zu sprechen, welche ja in der Märchenwelt zu Hause sind.[226] Es möge nur noch der eine Zug erwähnt sein, der schon von Riesen der Edda berichtet wird, das Schnarchen derselben, wovon es im Walde rauscht, die Bäume sich bewegen[227] u. s. w. Wenn damit ein Bild der im Walde tosenden Stürme gegeben ist, die in den grossen Nasen der Riesen ihren Ursprung haben, so erzählt ein Aufschneider, er habe in Westphalen mit zwei „Fleisch-Hackern“ übernachtet, von welchem der eine „mit dem Schnarchen die Kammer Thür aufgemacht, der andere hingegen mit seinem Schnauffen wieder zugezogen“.[228]

Endlich sei bemerkt, dass Fischart im 4. Cap. auf die Aufschneiderei von der grossen Bratwurst („von 493 elen lang“) anspielt, deren Anfertigung schon ein Meisterstück der Schildbürger bildet. Wenn anderwärts von Würsten colossaler

Dimension erzählt wird, die in Wirklichkeit angefertigt werden, so beweist namentlich ein von Scheible im Schaltjahr abgedruckter Schwank, der sich sehr ausführlich über eine grosse Bratwurst verbreitet, dass überall eine Aufschneiderei dahintersteckt.[229] So lügt ähnlich das siebenbürgische Märchen von Kuchen so gross, dass sie mit Hebebäumen nicht von der Stelle gebracht werden können, und dass 12 Heerden Schweine von dem gemästet werden, was vom Rande abgekratzt wurde.[230]

Des weiteren ist hier die einzige Aufschneiderei nachzuholen, welche man im Finkenritter antrifft, dafern man das Wort im engeren Sinne fasst. Wenn Goedeke sagt, dass „eigentlich neue Wendungen in den Historien des Finkenritters nicht zu finden seien“, so thut er ihm Unrecht: in der sechsten Tagereise enthält er eine allem Anscheine nach ihm eigenthümliche Fabel, ein Spielmannsstück, welches Uhland „das grossartigste von allen“ nennt. Eine ältere Quelle oder eine Hinweisung auf eine solche ist mir nicht aufgestossen, und dieses Capitel hebt sich auch durch seinen ganzen Ton derartig von dem Uebrigen ab, dass man wohl dem Verfasser des Finkenritters zwar nicht die Priorität der Erfindung, aber doch die der schriftlichen Fixirung zuerkennen darf. Er erzählt: „Die Bürger in demselben Dorfe hatten einen gemeinen Lautenschläger, der pfiff alle acht Tage neun Dörfern auf einmal zum Tanz, auf einer Humbeley . . ., mit demselbigen Lautenschläger ging ich auf einen Samstag in sein Haus, daselbst fieng er früh Morgens bis zu Mittag an der Lauten zu ziehen und zuzurichten, darnach lief er mit den Füssen so geschwinde darauf herunter, gleich wie eine Katze auf einem Dache oder wie ein Eichhörnlein in einem Rade; ich wollte ihm helfen, als ich aber leider nicht wohl darauf konnte, so strauchelte ich und fiel durch den Lautenstern wohl eine ganze Viertelstunde in die Lauten, ehe ich auf den Boden konnte kommen: der ehrliche fromme Meister erschrak, holte flugs eine Leiter damit der Blunder nicht verderbet würde, die war wohl 46 Sprossen lang, darauf stief ich wieder aus der Lauten, der Ton aber in der Lauten lief nichts desto

weniger in aller Stärke wie ein Käfer in einem Stiefel,
denselben Abend die Nacht und Morgen über alles Feld
zu den neun Dörfern, bis Mittags am Sonntage, so klang
es denn in einem jeden Dorfe besonders, dass es eine Freude
zu hören war, als denn so tanzten die Kinder, und die
Alten schwatzten, die Knaben und Töchter sahen zu, der
Lautenschläger gieng auch alle acht Tage selbst allgemach
in alle neun Dörfer, und tanzte selber mit, und sahe damit
auch zu, dass es recht daher gieng. Sobald es Abend
ward, so vergieng der Ton von sich selbst, und zog wieder
beim allgemählich in seine Lauten".

Aehnlich ist, was anderwärts von einer grossen Bassgeige
gefabelt wird. Tausende von Bretern sind nötbig gewesen, dieses 400 Ellen lange Instrument anzufertigen u. s. w. Nur zwei
mal im Jahre wird sie „gezogen", im Frühling und Herbst, „dann
sie giebt vom Frühling bis in Herbst und vom Herbst den ganzen Winter durch ihren Klang, dass man sie nicht weiter
ziehen darf". 680 Personen sind „bestellet, die nur den Fiedelbogen regieren". Ein Schneider fällt hinein und braucht zwei
Tage, ehe er auf den Boden kommt. Als man einmal eine
neue Saite auf- und auf ihr den Fiedelbogen hin- und her-
zieht, „da hat es einen solchen starken Klang gegeben, dass
ein Thurm fünfzig Klaftern hoch, der eben nicht weit davon
gestanden, sich erschüttert und eingefallen, jedoch keinen
Menschen, als nur einen Esel erschlagen. Es seyn aber
von solchem starken Klang 400 Personen um das Gehör
kommen".[231] Wenn auch diese Aufschneiderei vor den
Finkenritter zu setzen ist,[232] so hat dieser sie doch nur der
Idee nach zu Grunde gelegt; die Einkleidung, welche er
seiner Erzählung giebt, findet sich nur bei ihm.

Hier möge sich das zweite „Gedicht" Hans Clauerts
einfügen, von welchem sich sonst keine Spur findet. In Krü-
gers Buch (1587) S. 100 heisst es: „Ein ander Lächerlich gedicht. Gleicher gestalt pflag Clawert auch wol zu sagen: Als
ich einmal zu Wittenberg war, gedachte ich zu meinen guten
freunden gen Leiptzig zu wandern, und do ich genseit Kem-
berg in die Diebische Heide kam, war der Schnee so
gross, das ich wider umb zukeren willens war; jedoch

ersahe ich einen steig, der wol gebauet und getretten war, demselben folgete ich nach, der hoffnung, er würde mich wieder zum rechten Wege bringen. Als ich aber nicht weit fürbass ginge, fand ich einen gantzen hauffen Leute bey einander sitzen, die hatten gesottens und gebratens, auch bey sich eine Tonne Bier stehn, und hielten Malzeit und hiessen mich auch niedersitzen und gaben mir essen und trincken, die ich dann vor Jeger ansahe, weil sie ire Pferde an die Beume geheftet hatten. Do aber alles auffgefressen und ausgesoffen war, stiessen sie den einen Boden auss der Tonnen, ergrieffen mich und sprachen, ob ich lieber sterben oder in die Tonne steigen wolte? Daraus Ich wol vernam (S. 101), das es Reuber waren. Was solt ich armer gefangener tropff machen, ich muste unter zweien bösen das beste erwelen, stieg in die Tonne und liess mich verspünden, da nun solches geschehn, sassen sie auff ire Pferde und Ritten darvon und liessen mich also in der Tonne liegen, darin ich die gantze nacht verhorchte, biss des andern morgens die hungerige Wolff kamen und die knochen auffrassen, so die Reuber weggeworfen hatten, do griff ich zum Spundloch hinaus, und erhaschete den einen Wolff beim Schwantz und hielt denselben mit beiden henden fest, welcher vor schrecken durch das hohe Heidenkraut lieffe und schleiffet mich mit der Tonnen hinter ihm her, biss ich endlich einen furman erhörte, dem schreiet ich an und bat umb errettung, welcher mir trewlich zu hülffe kam, schlug den wolff mit dem eisern fiegel zu Todt und die Tonne entzwey, darin ich lag. Also ward ich errettet, und dem Wolffe zogen wir die haut abe, verkaufften sie zu Wittenberg und bekamen so viel geld dafür, das ich meines teils noch heutigs tages darvon zu zehren habe." — Ich erinnere mich nur in einer Jugendschrift von einem ähnlichen Abenteuer gelesen zu haben, habe jedoch jenes Buch nicht mehr im Gedächtniss.

Graf Froben Christof von Zimmern, der Hauptverfasser der Zimmerischen Chronik, war ein grosser Liebhaber von aller Art Spässen und Schwänken, und so hat er denn unter andern auch einige Lügenschnurren mit aufgenomen, neu localisirt, zum Theil in seine Zeit und unmittelbare

Nachbarschaft versetzt.[233] So den Ritt unter dem Eis (s. oben S. 46) und die Jagdlüge, die er dem Rheingraf Jacob in den Mund legt.[234] Zwar ist dies der erste Ort, wo wir etwas hören, was den Entenflug Münchhausens vorbildet, jedesfalls knüpft aber die Erzählung des Grafen an einen Schwank an, welcher schon bekannt war, vielleicht auch schriftliche Aufzeichnung erfahren hatte. Denn wenn Vincentius von einem Wildschützen erzählt, den 12 unter seinen Gürtel gesteckte Kraniche (der Rheingraf stösst die erlegten Enten ebenfalls „mit den krägen under die gurtel") in die Luft emporheben und hinwegführen,[235] so kann Heinrich Julius aus der Zimmerischen Chronik natürlich nicht geschöpft haben, sondern er verwerthete eine Lüge, die er irgendwo schon vorfand. Im Anfange des 18. Jahrh. lässt sich diese Geschichte mehrfach nachweisen, sogar in der Gestalt, dass der Jäger von den an seinen Ladstock angespiessten 12 Enten über einen Teich an einen Baum getragen wird, von dem er „mit Lust und nach Wunch im vorbeifliegen Feldhühner herunterschosse".[236] Münchhausen verwerthete die Lüge noch einmal, indem er sich beim Schiffbruch auf einer Rothgans retten lässt. — Alles Dies ist offenbar nur ein Nachklang der orientalischen Erzählungen vom Vogel Rokh (s. oben S. 53), an den namentlich auch eine Erzählung „d'un petit oyseau" des französischen Lügenbuches erinnert.[237]

Im Anschluss an die Jagdlüge des Grafen Jacob sei der anscheinend lügenhafte Bericht des Peter Schneider zu Messkirch erwähnt, er habe „ein wildtschwein mit etlichen frischlingen aller oberst im gipfel uf ainer aichen gefunden", was aber auf natürliche Weise erklärt wird[238], sowie der grosse Hirsch, der i. J. 1442 in die Stadt gelaufen kommt und von dem 600 Personen essen.[239] Aehnlich schneidet der Knecht Paul Meyer von „grundlen" auf, so gross und schön, „das man von ainer siben guete stuck visch machen konte".[240]

Neben diesen und ähnlichen Dingen, die vielfach an schon Vorhandenes anknüpfen mögen, sind es namentlich mehrere Reiterkunststücke, welche die Zimmerische Chronik enthält, und die ähnlich auch von Vincentius und Münchhausen

berichtet werden. Letzterer scheint namentlich an den
„waidspruch herr franz Brenners" anzuknüpfen, „als er in
ernst erzellt, wie er ainsmals seiner hengst ain zu Kirch-
offen im Schloss gedumlet, der het im auch den zaum
genomen, were mit ime die stegen hinauf gelofen und het
seins undanks in die stuben hinein, die voller leut, getrungen;
diweil es aber domals sommers zeiten und ganz warm
wetter, also das die fenster weren ussgebrochen gewest,
do wer er mit ime, dieweil er in ihe nit halten künden,
zum Fenster hinab in hof gesprungen. Also wer er auch
erzurnt worden und hett den gaul dermassen geuett, das
er mit ime wieder het hinauf zum fenster hinein muessen
springen".[241] Dazu die Bemerkung: „Das wardt ime domals
geustlichen geglaubt und zu den wahrhaftigen historien des
Luciani gerechnet", wie an einer andern Stelle „welches
als wolzu glauben, als dem Ovidio in metamorphosi".

Wenn endlich Rheingraf Jacob von einer „sollichen hitz"
seines Kürasses berichtet, dass „er gleich schmalz und eir
darin geschutt und die eir darin het bachen lassen",[242] so
ist dies die einzige Aufschneiderei, welche denen von „der
grossen Kälte" correspondirt.

Diese bildet den Gegenstand der einzigen Lügenschnurre,
welche Kirchhof nicht aus Bebels Faccticn entlehnte, aus
denen er alle Lügen mit mehr oder weniger wörtlicher Anlehnung in seinen Wendunmuth aufnahm. Von Einem, der dem
Lügenschmied „nit fast ungleich mit liegen war", liess er sich
erzählen, wie einmal im Winter „einem armen Menschen" der
Kopf wieder angefroren, den der Henker soeben abgeschlagen
hatte, eine Lüge, welche nach Kirchhof nirgends wiederkehrt.[243] Eine andere im 5. Buche erzählte (Einer will
6000 Gulden unbemerkt im Aermel haben)[244] steht ebenfalls
ohne jeden Connex da.

Aus mündlicher Quelle oder Tradition, wie Bebel, nahm
auch Melander eine Reihe von Lügenschwänken auf in
seinen lateinischen „Schimpf und Ernst", doch unterscheidet
er sich nicht zu seinem Vortheil von jenem dadurch, dass
ihm der eigentliche Sinn für die kühnen Erzeugnisse des
Aufschneiders abgeht, insofern als er die ihm zu Gehör

gekommenen Lügen nur vom Standpunkt der Moral aus
wiederzugeben vermag. Für ihn kann es nichts schänd-
licheres geben als Lügner und Aufschneider, eine Ansicht,
die er vielfach durch Aussprüche von Euripides, Plautus,
Horaz, Camerarius u. A. zu stützen bemüht ist, und je kühner
die Lügen sind, desto eifriger betont er ihre Unwahrheit.
Wenn Bebel einem weniger tüchtigen Lügner behülflich ist,
aus der Klemme zu kommen, in die er sich gebracht hat,
so drückt Melander minder φιλοψευδής und οὐ φέρων
τοῦ πράγματος ὑπηρβολήν nicht nur seine sittliche Entrüstung bei jeder Lüge aus, sondern gefällt sich auch darin,
den Lügner blosszustellen. So erzählt er mit sichtlichem
Vergnügen von der Verlegenheit Dessen, der die Bienen
so gross wie Schafe machte, die Bienenstöcke aber ihnen
nicht anpasste, und bezeichnet ihn als „in mendacio suo veluti
mus in pice haerens totusque pudefactus",[245] und mit Genug-
thuung lässt er durch ein prosaisches Rechenexempel con-
statiren, dass Einer 35 Jahre vor seiner Geburt gereist
sein müsse, s. oben S. 43 f.

Die meisten seiner Lügen sind keine besonders gelungenen, und dem sie Erzählenden ist gewöhnlich sehr
leicht beizukommen. Ein so einfältiger Tropf, wie der
Bäckergesell, welcher bei Tisch alle abgefleischten Schweins-
rippen sammelt, um sie in künftigen Türkenkämpfen zu
verwerthen,[246] kann niemand imponiren. Auch nicht,
wenn er von einem polnischen Chirurgen erzählt, der
in wenig Tagen auch die schlimmste Wunde spurlos habe
heilen können, den Namen dieses Chirurgen aber, nach
welchem Melander sogleich fragen lässt, nicht anzugeben
weiss.[247] Ebenso unbeholfen zeigt sich der Lügenbäcker
in einer dritten Lüge, wo er von Hasen in Island aufschneidet so gross wie Maulesel, auf die Frage aber, ob diese
Hasen auf dieselbe Weise gebraten würden wie die einhei-
mischen, keine weitere Lüge zur Verfügung hat, sondern
bejahend und mit dem Hinweiss auf den Stier antwortet,
der bei der jüngsten Kaiserwahl gebraten worden sei.[248]
Auch die Gegenstände, an denen sich die Aufschneider
versuchen, sind nicht gerade ansprechend gewählte. So er-

zählt ein anderer von der Wanderschaft Heimgekehrter, er
habe in Kopenhagen eine Laus gesehen, von der Grösse einer
Ente, die der König lieb und werth gehalten habe u. s. w.[249]
Doch zeigt dieser Gesell wenigstens etwas mehr Phantasie
und lässt es nicht bei der blossen Aufschneiderei an sich
bewenden.

Andere Lügen legt Melander dem Halendorfer Küster
in den Mund, den er, ähnlich wie Hans Sachs den ver-
logenen Knecht, als pflichtgetreu, aber als „ex mendaciis
plane conflatus" bezeichnet.[250] In Bezug auf die Qualität
der Lügen ist freilich auch ihm der Caustädter Schlosser „über". Als „pinguissimum et vaegrande mendacium" bezeichnet Melander seine Aufschneiderei von einem Schweine,
das grösser als ein Bär und so fett gewesen sei, dass man
habe den Koben einreissen müssen und der Fleischer erst
30 Pfund Fleisch aus dem Halse geschnitten habe, ehe er
mit dem Messer die Kehle erreichte. Ansprechender ist
und an das Märchen von den drei kunstreichen Brüdern
erinnert, was der Lügenküster von der Geschicklichkeit
eines Kochs erzählt: um seine Kuchen abzukühlen, habe er
sie, den Tiegel hin und her schwenkend, durch den Camin
emporgeworfen und dann auf der Strasse wieder aufgefan-
gen. — Die Geschichte von dem Stier, welcher halb aus-
geweidet und zum Theil schon gehäutet, sich allmählich
wieder erhebt, brüllend davonrennt und von einer Brücke
in die Werra springt, wird in den Facetien des Phil. Hermotimus einem Niederländer in Volavia, „dem grooten
Kwytmaecker" in den Mund gelegt.[251] — Ein Alchymist, welcher erzählt, er habe ein Fenster mit einer Kugel so durch-
worfen, dass nur ein der Kugel entsprechendes Loch entstanden, im Uebrigen aber das Fenster unversehrt geblieben
sei, entgeht, wie Melander hervorhebt, einer Rüge seitens
der Zuhörer nur mit Rücksicht auf seinen angesehenen Vater
und seine nicht gewöhnliche „cognitio alchymiae", durch
welche es ihm sogar glückte, „ex stramine conscisso atque
commolito panem pinsere".[252] — Einen Schwank gewährt
Melander auch, in welchem die interessantere Art, einem Aufschneider seine Meinung zu sagen, zur Geltung kommt,

74

die homöopathische Methode, wie sie Gellert empfiehlt. In Distichen, als deren Verfasser Jac. Cruccius, „Scholae ad S. Guarinum Rector, adolescens morte praematura extinctus", angegeben ist, wird erzählt, wie Einer von einer innen hohlen Pappel aufschneidet, 14 Männer könnten kaum ihre innere Wandung umfassen und ein trächtiges Schwein habe 18 Junge in ihr geworfen, ein Andrer aber ihn überbietet mit einer grossen Kuh, die täglich 15 Eimer Milch gebe und bei ihrer Grösse keinen passenderen Stall finden könne, als die grosse Pappel.[253] — Die letzte und beste Lügen-schnurre ist eine mit einigen Abweichungen auch im französi-schen Lügenbuch erzählte. Ein Kind guter Leute aus Dorla in Thüringen stösst, durch das „Hainichenholz" reitend, auf 7 Wölfe. Er ergreift den Ast einer Eiche, schwingt sich hin-auf und lässt sein Pferd allein heimtraben. Doch bald sieht er ein, dass die ihm von unten die Zähne weisenden Wölfe es schlechterdings auf ihn abgesehen haben, zudem muss er, da es Winter ist, befürchten, bei längerem Verbleiben in seiner Situation zu erfrieren. Lieber will er sich sogleich auffressen lassen und springt herab, um gegen die Bestien mit dem Schwert zu kämpfen. Aber audaces fortuna iuvat: er fällt auf einen vor den andern durch Grösse sich aus-zeichnenden Wolf und kommt rittlings auf ihn zu sitzen. Schnell ergreift er die Ohren des Thieres, die er als Zügel benützt, bedient sich der Sporen und zwingt den Wolf, ihn zu tragen wohin er will. Er gelangt so, die übrigen Wölfe hinter ihm, bis nach Mühlhausen auf den Markt, wo die Bestien von den zusammenströmenden Bürgern erlegt werden. Die Väter der Stadt zahlen ihm nicht nur 100 Gulden für die Felle, sondern richten auch dem Kühnen ein Mahl aus und lassen die That „in fastis annalibusque" aufzeichnen zu ewigem Angedenken.[254]

Die meisten der Lügen, welche Heinrich Julius sei-nem Vincentius in den Mund legt, wurden schon be-sprochen; namentlich stellte sich Kirchhof's Wendunmuth als Quelle heraus, dessen Schwänke er wörtlich aufnahm, während andere Dinge der mündlichen Verbreitung anzu-gehören scheinen, so das Erlebniss mit den Kranichen (s. oben

S. 70), die Erzählung von dem geschickten Schmied (s. S. 65). An das Lügenmärchen im Finkenritter erinnert die Geschichte von dem Eichhorn, das, obwohl Vincentius ihm den Kopf abgeschossen, seinen Hund in die Nase beisst [255], der Bassist, von dessen Gesang ein „Gewölbe in der Kirchen barste" [256] an die grosse Bassgeige; der Storch, der so lieblich singt, dass Vincentius eine Jungfrau zu hören glaubt [257], findet Vorgänger in den Lügenliedern, die auch den Kuckuck u. s. w. lieblich singen lassen (vielleicht kann man auch an den Schwanengesang denken), und wenn Vincentius sein Pferd natürliche Eier von sich werfen lässt, so ist dies ein ganz besonders von den Lügenliedern gemeldeter Zug. [258] — Ohne eine Beziehung auf Früheres tritt die Lüge von dem Manne auf, dem infolge seiner Neigung für „Granat Epffel Körner" ein Granatbaum aus dem Kopfe wächst, [259] doch ist wohl auch sie aus irgend einer Tradition aufgenommen, wenigstens wird sich weiter unten zeigen, dass sie nicht die einzige ist, welche Münchhausens Jagdgeschichte vom Hirsch mit dem Kirschbaum vorbildet.

Da Vincentius den Kreisen angehört, in welchen auch heute noch Jagd, Hunde und Pferde das gewöhnlichste Gesprächsthema abgeben, so kann es nicht Wunder nehmen, dass er nicht blos sich, sondern auch seinen Pferden ausserordentliche Dinge andichtet. Neu ist für uns das Pferd, welches die im Morast stecken gebliebenen Eisen durch einen geschickten Sprung selbst wieder an seinen Hufen befestigt und ein ander mal den Reitknecht so abwirft, dass seine Stiefel im Steigbügel stehen bleiben. [260] Die an ihm gerühmte Eigenschaft hingegen, das Wild zu wittern, wird weit überboten durch Das, was über das Pferd des heiligen Prior Werricius berichtet wird: wenn es den heiligen Mann über Land trug, blieb es beim Nahen eines Bettlers von selbst stehen, um seinem mildthätigen Reiter Zeit und Gelegenheit zum Almosengeben zu gewähren. [261] — Als „Rühmlüguer" zeigt Vincentius seine Stärke naturgemäss im Erzählen von seinen Erfolgen gegenüber dem schönen Geschlecht, von seinen Thaten als Weinschwelg [262] und vor Allem als Kriegsheld. Als solcher ist er das Abbild des miles gloriosus

und Vorläufer der Bramarbasse des dreissigjährigen Kriegs,
der Horribilicribrifax und Daradiridatumtarides. Schon in
Wickrams Rollwagenbüchlein tritt ein Edelmann auf, der
„immerdar von seinen Kriegen erzählt, von stürmen, schlachten, hauen und stechen".[263] Auch Urban Fettsack ist ein
solcher Held, der eben so absonderliche Mittel wählt, Fe-
stungen einzunehmen, wie Vincentius. Wenn dieser eine
Stadt mit Pommeranzen, Citronen u. s. w. überwindet, nach der
Erklärung Johan Bouset's dadurch, dass er sie unter die Be-
lagerten werfen lässt, die darüber herfallend „ire sach nicht
in acht nehmen" und so die Einnahme ermöglichen, so lässt
jener durch Schweine „die Stadtmauern, Pasteyen und
Thürme untergraben und einwerfen".[264] Von derlei Kunst-
griffen, zu denen auch das Mittel gehört, durch welches des
Vincentius Schwester die Feinde kampfunfähig macht[265],
liess man in jener Zeit wohl mehrfach die Classe von Helden
Gebrauch machen, welche schon der Finkenritter carrikirte;
an diesen wird man namentlich erinnert, wenn Johann
Bouset am Ende des Stücks den Vincentius als „Kempfer
zu Fuss mit der Leddern Kolbe unnd Ritter auffen Esel
mit der Strewgabel" anredet. Es zeigt sich darin die satirische Absicht des Dichters noch mehr, als wenn er seinen
Helden mit der Zahl der von ihm getödteten Feinde und den
sonst den Bramarbassen in den Mund gelegten Thaten prah-
len lässt.[266] Etwas Neues ersann Heinrich Julius weder
in Bezug auf diese, die Rodomontaden und Gasconnaden,
noch überhaupt an Aufschneidereien und Lügen. Was ihm
an solchen bekannt geworden sein mochte, legte er seinem
Helden in den Mund. Dass seinem Sammeleifer das Geschick entspräche, mit welchem er bei der Aneinanderreihung
und Motivirung der einzelnen Lügen verfuhr, lässt sich
freilich nicht behaupten. Vincentius bricht die in einem
recht hausbackenen Ton erzählten Lügen sehr oft nur vom
Zaune, und dadurch wirkt die Menge derselben — Joh.
Sommer hat sie übrigens gleich denen des Lügengedichts
im Lalenbuch im Auszug seiner Ethographia einverleibt,[267]
— kaum weniger ermüdend, als Gervinus dies in Bezug
auf den Finkenritter behauptet. Wenn wirklich der Ver-

fasser des Münchhausen die Idee zu diesem aus dem Schauspiele des Heinrich Juiius geschöpft hat, wie Kurz für
wahrscheinlich hält,²⁰⁵ dann fasste er sicher zugleich auch
den Entschluss, zu zeigen, wie man verfahren muss, um aus
diesem Stoff etwas zu machen, ihm eine Form zu geben,
welche die des Vincentius hinter sich lässt.

Doch bezeichnet dieses Schauspiel gegenüber dem schon
oben erwähnten vom Wirth und den drei Wandersgesellen,
in welchem Heinrich Julius ja auch Lügenschwänke verwerthete, einen Fortschritt in der Art und Weise, wie er
in ihm den Fürsten oder vielmehr den für diesen redenden
Obersten Johan Bouset sich zu den Lügen des Vincentius
verhalten lässt. Zwar vertritt der Oberst wie sein Namens-
vetter in jenem Schauspiel auch in diesem die Rolle des
Ungläubigen und stellt die Lügen als solche hin, jedoch
thut er es nicht in der groben und ungeschliffenen Manier
des Hausknechtes. Selbst in den Fällen, in denen er den
Vincentius offenbar Lügen straft, so durch die Aeusserung,
die er den angeblich von jenem Geschossenen thun lässt: „O
Alemanni, wie scheust du mit Speck!" durch die Erzählung
vom Gesang der Wachtel u. s. w., weist er die vorgebrachten
Lügen nicht geradezu und schroff von sich, sondern denkt
sich in die von einer jeden verlangten Situation hinein und
knüpft Reflexionen an dieselben, welche freilich nicht gerade
geistreicher Natur sind („Der Schütze mag seltsame Gedanken gehabt haben" S. 536, „Dem Falken und Reiger muss
grausam bange gewesen sein" S. 538, etc). Doch beschränkt
er sich nicht auf solche, sondern wie der Parasit bei Plautus
dem miles gloriosus zu Hülfe kommt, seine Thaten ausmalt,
ja noch mehr prahlt als dieser selbst, so bestätigt auch
Johan Bouset die Lügen des Vincentius, sucht sie wahr-
scheiulich zu machen („Es trägt sich wunderlich Ding zu
bei dem Weidwerk", S. 534), führt sie vollends aus, indem
er thut als wäre er dabei gewesen, z. B. in der Erzählung
von der tapfern Schwester des Vincentius, von der Einnahme
der Stadt mit Früchten, überbietet ihn ebenfalls in der Aus-
malung der erlogenen Situationen und Thaten und erzielt
damit die Beschämung des Lügners. Schon dadurch, dass er

sich brüstet wie Vincentius, die Kunstpausen nachahmt, in denen jener sich bedenkt (S. 537), macht er ihn lächerlich. Noch mehr muss ihm dies gelingen, wenn er, wie um die Erzählung des Vincentius von dem grossen Fisch zu bekräftigen, seinerseits von der grossen Pfanne berichtet, dadurch den Vincentius zu der Frage nach ihrem Zwecke veranlasst und den Trumpf ausspielt: „Der Fisch, davon ihr gesagt, solte darin gekocht werden" (s. oben S. 56). Ganz so lügt auch bei Gryphius der Page Harpax für seinen Herrn, den Horribilicribrifax, beschimpft ihn aber durch seine Erzählung,[269] und in mehreren Schwänken erscheint der Knecht als ganz besonders vom Herrn dazu verpflichtet, dessen Lügen zu bestätigen, eine Obliegenheit, die der Knecht aber meist zum Nachtheil des Herrn ausführt. So lügt ein Edelmann, er sei „in einem Tag von Utrecht bis gen Cöln, so ungefehr 26 Meilen, auf den Eysschutten (Schlittschuhen) geloffen", verfällt aber dem Gespött als sein Diener zur Erklärung hinzufügt, es sei in den längsten Tagen („scilicet in Julio") gewesen.[270] Ein Anderer rühmt sein Rohr „dass es so weit trage", was sein Diener mit dem doppelsinnigen Dictum erläutert: „Mein Herr schiest allezeit mit dem Winde".[271] Auf mehrere Lügenschwänke kann man beziehen, was Burkard Waldis im Aesopus sagt:

Also wems liegen wil gedeien
  Der muss nit nauff dWolcken treiben
Hie niden bey der Erden bleiben,
  Sonst gehts jm wie dem Edelman.
Der nahm sich grosser lügen an,
  Zeugts mit seim Knecht, der bei jm war,
Ders jm verjahet gantz und gar,
  Damit der Juncker blieb bey ehren.
Als er nun thet die Lüg vermehren,
  Und log von Lüfften und Winden,
Drauff kundt der Knecht kein antwort finden,
  Und sprach zum Junkern: „nit also!
Wolt jr ewrs liegens werden fro,
  So bleibt hie niden bey der Erden,
Auff das euch mög geholffen werden.[272]

Harsdörffer erzählt mehrere Lügen, welche er auf einen Herrn und seinen Diener vertheilt, unter andern lässt er

jenen auch berichten, „wie er eine Sau hätte in den Lüfften
schreien hören." Frumin, sein Diener, von ihm als Zeuge
angerufen, erklärt zwar die Lüge dahin, dass ein Adler „ein
Spanferckel in der Lufft mit seinen Klauen gezwicket", sagt
aber „nachmals seinem Herren in das Ohr, er solte bei
der Erden bleiben, sonst würde er ihm nicht mehr helffen
können."[273] Dieselbe Bitte richtet am Schluss der oben erwähnten (s. S. 41) Jagdlüge der Diener an seinen Junker,
der vorgegeben, sein Hund fange Vögel in der Luft[274], und
ein anderer, als sein Herr lügt, sein Pferd habe „einen Sprung
einen halben Meilwegs gross durch die Lufft gethan"[275], während ein Knecht, der für jede von ihm bestätigte Lüge einen
Kreuzer erhält einer besonders grossen die Bestätigung ver-
weigert, da sie für einen Kreuzer zu gross sei.[276] Ein Aufschneider, dem sein Reisegefährte sagt, er gebe seinen Zu-
hörern „Ursach zu brummen", wendet sich mit der Bitte
an diesen, er solle ihn, „wann er ihn etwas erzehlen hörte,
so ihn zu weit gangen seyn gedäuchte, bey einem Zipfel
seines Rocks ziehen, so wolte er alsdann den Sachen schon
recht zu thun wissen." Als er darauf von einem Tempel
in Japan berichtet „der tausend Schuch in die Länge gehabt",
und „sein Gespan verspürt, dass er über die Schnur gehauen,
so hat er ihn steiff by den Falten gezogen: welches dann
der ander gleich verstanden, und hat darauff gesagt: Unnd
einen Schuch in der Breite." Als man darüber lacht, schiebt
er die Schuld auf seinen Gefährten, der ihn gehindert habe
die Kirche viereckig zu machen.[277]

Noch sind einige Lügen zu erwähnen, welche in den Werken des Paters Abraham a Santa Clara begegnen. So
sehr dieser auch gegen das Lügen eifert, so mischt er doch
mit grosser Neigung in seine Expectorationen eine Menge der
Lügenschwänke, die bisher schon ihre Besprechung fanden,
und zwar hält er sich dabei meist ziemlich wörtlich an seine
Quellen. Eine Anzahl Lügen erzählt er in verschiedenen
Schriften auch in verschiedener Fassung, andere kehren
öfter in seinen Werken wieder oder werden wenigstens
berührt. Keine ältere Quelle habe ich aufgefunden für
die Lüge von der Ohrfeige, welche das Zeughaus in Con-

stantinopel entzündete, indem ein Funke aus dem Auge
des Geschlagenen in ein Pulverfass fiel[278]: ähnlich schlägt
Münchhausen Feuer aus seinen Augen und entzündet damit
seine Flinte. — Ohne eine Beziehung auf Früheres oder
Späteres ist, was er im Judas (II, 125) erzählt: „Einer sey
über das hohe Gebirg Bononiae gereist zu höchster Sommers-
zeit, und habe daselbst auf höchstem felsigen Gebirg einen
Fehltritt gethan, wovon er eine gute deutsche Meil hinab
gefallen, sich 2413 mal umkehret — dann er habs wohl ge-
gezählet — und doch nicht ein einziges venetianisch Glas
gebrochen, deren er 36 in seinem Ranzen getragen. Der
linke Fuss aber sey ihm etwas weniges aufgeschwollen durch
diesen Fall, welche Geschwulst er noch denselben Tag ge-
endet mit einer Salbe, die er noch zu Bugiapoli in dem
Chineser Reich um ein Spott-Geld habe erkauft."

Aber auch noch in anderer Hinsicht gewähren die Schriften
Abrahams eine ergiebige Ausbeute für unsere Zwecke. Unter
der Masse von Heiligen- und Wundergeschichten finden sich eine
Menge von Dingen, welche nicht nur der profane Mensch als
Lügen ansieht, sondern die auch als solche im Schwange sind.

Bei dem Umfange der Legenden der Heiligen und bei
der Unmasse von Entstellungen und Interpolationen, welche
sie erfahren haben, wäre es wohl ein wenig dankbares Bemühen, zu untersuchen, was in jedem einzelnen Falle früher
vorhanden war, die profane Lüge oder die sich mit ihr
deckende Wundergeschichte, zumal da die ersteren keineswegs sämmtlich in schriftlicher Aufzeichnung vorliegen. Ist
man geneigt Männern wie Fischart und Hans Sachs Glauben
zu schenken, wenn sie gegen das Lügen der Mönche und
Stationirer zu Felde ziehen (s. Anm. 102), so wird man
den Ursprung vieler Lügenschwänke im Munde der Geist-
lichkeit finden; andererseits aber kann man aus einer Aeusserung Abrahams auf die Priorität der Profanlügen schliessen, nach welcher die Grillen der Poeten und Aufschneider
für die Frommen die Brillen sind, „war durch sie die Wahrheit klar ersehen". „Angeregte manierliche Aufschneider
fabulieren, dass ein Gott seye mit Namen Aegaeon, welcher
mit 100 Armb versehen. Wann die Poeten solches hätten

ausgeben von der Mutter Gottes Maria, wäre es kein Gedicht, sondern ein Geschicht, denn ihre Gnadenarme er-
strecken sich zu allen Bittenden" etc. [279] Genug, dass Lüge
und Legende vielfach identisch sind: zu bewundern ist jedesfalls die Naivität, welche an der Uebereinstimmung zwischen
beiden keinen Anstoss nahm.

Ausser den schon gelegentlich und in den Anmerkungen
citirten Wundergeschichten dieser Art seien noch folgende
hervorgehoben.

Münchhausen selbst nimmt bei der Lüge von dem
mit einem Kirschkern geschossenen Hirsch, dessen Kopf
dann ein Kirschbaum zierte, Bezug auf den Hirsch, welcher
einst dem Hubertus, Sohn des Herzogs Bertrandi von Aqui-
tanien, auf der Jagd erschien und zwar mit einem Crucifix
im Geweih, [280] — die Entstehung dieses Kreuzes jedoch
auch nur vermuthungsweise auseinanderzusetzen ist auch
die Phantasie des Lügenbarons nicht im Stande. Bemerkt
sei hierbei, dass Münchhausen seine Lüge nicht etwa selbst
erfand, sondern dass sie vor ihm schon vorhanden ist in
einem Anecdotenbuche vom J. 1729. [281]

Wenn ferner dem h. Corbinianus ein Bär „anstatt des
Schimmels alle Last, wie ein zahmes Pferd, bis nach Rom
tragen muss", [282] so lässt sich das mit der Lüge Münchhausens vergleichen, der einen Wolf an Stelle des von ihm ge-
fressenen Pferdes vor seinem Schlitten benutzt.

Die verschiedenen Heiligen endlich, welche an den
Sonnenstrahlen ihre Kleider aufhängen, sind ebenfalls dem
Geschick nicht entgangen, Vorläufer Münchhausens, wenig-
stens des fortgesetzten, zu werden. [283]

Es ist das Verdienst R. E. Raspe's die besten der in
einer Menge von alten, jetzt seltenen und vielleicht gar nicht
mehr vorhandenen Büchern zerstreuten Lügenschnurren, die
gemäss der nicht blos mittelalterlichen Stofftradition aus einer
Schwanksammlung in die andere übergingen, im Münchhausen vereinigt und sie, die in jenen neben andern Anek-
doten ohne Zusammenhang untereinander oft sehr dürftig
erzählt sind, in geschickter Weise an einander gereiht und
wirklich erzählt zu haben. Noch weiter mich über das Lob

dieses jüngsten und am weitesten verbreiteten Volksbuches
auszusprechen, halte ich für überflüssig. Auch ist Alles,
was über die Entstehung und Geschichte des Werkchens
zu erörtern wäre, von Ellissen in seiner Einleitung zum
Münchhausen auseinandergesetzt und in der Hauptsache in
den Grenzboten 1872 wiedergegeben.[284] Hier, wo es nur
darauf abgesehen ist, Das zusammenzubringen, was schon
vor Münchhausen in Deutschland an Lügengeschichten vorhanden war, möge nur noch von einigen Dingen die Rede
sein, die im Münchhausen zwar zuerst auftreten, jedoch
sicher auch schon vor ihm im Volksmunde lebten. Man
kann vielleicht behaupten, dass im Wesentlichen nichts
von dem, was der Lügenbaron an Lügenschwänken zum
Besten giebt, von ihm selbst erfunden ist. Ob der Freiherr,
dessen Existenz zu leugnen einst ebenso versucht wurde,
wie es mit der Homers und Anderer mit mehr oder weniger
Beifall noch geschieht, seine Fachkenntnisse aus einer Bibliothek von Schwänke- und Anecdoten-Sammlungen erwarb,
ist mir nicht so wahrscheinlich, als dass er mit besonderem
Eifer Dem nachging und Das verwerthete, was während
seines Lebens mündlich im Umlaufe sein mochte. Dies
kann man wenigstens sicher annehmen von den Märchenstoffen, die er aufnahm und die zu seiner Zeit aus Büchern
kaum zu holen waren. Erzählt doch keines der in neuerer
Zeit aufgezeichneten deutschen Lügenmärchen von dem
Hüten der Bienen, von welchem das serbische und siebenbürgische berichten: dass Münchhausen es thut, lässt sich
wohl nur durch die Annahme erklären, dass zu seiner Zeit
ein Märchen bei uns verbreitet war, welches diesen Zug
neben andern enthielt, ein Märchen, das die ausserhalb
Deutschlands, namentlich in Siebenbürgen, Lithauen und Ser-
bien auftretenden einzelnen Märchenlügen in einer andern
Weise zusammenschweisste. Münchhausen steigt, wie der
Bauer im lithauischen, Jack im englischen Märchen an
einem Bohnenstengel in den Mond. Auch er dreht einen
Strick von Häckerling (s. oben S. 7), an welchem er sich
unter denselben Manipulationen herunter lässt, wie es der
Knabe im serbischen Märchen thut und seit den Brüdern

Grimm auch in deutschen Märchen zu lesen ist. Ebenso
fällt er klaftertief in ein Loch, aus dem er sich herausgra-
ben muss — kurz das Volksbuch von Münchhausen antici-
pirt hier die Verdienste der neueren Märchensammler. Dass
er die Märchen in Einzelheiten abweichend von den letzte-
ren erzählt, macht dabei nichts aus: auch diese haben ja
Varianten; und es ist daher keine Erfindung Raspe's oder
Bürger's, wie Ellissen meint, wenn Münchhausen in der Erzählung von den „fünf tüchtigen Subjecten" den Horcher
einführt, der das Gras wachsen und in Konstantinopel den
Läufer bei Belgrad schnarchen hört; dieser „plausiblere Er-
satzmann" für den Kerl, der im uralten Volksmärchen „Sechse
kommen durch die ganze Welt" durch das Aufsetzen seines
Hutes Frost verursacht, war eben schon in dem Märchen
gegeben, wie es Raspe oder Bürger ihrer Zeit hatten erzählen hören.[236] So halte ich denn auch dafür, dass die
noch übrigen Lügenschnurren, zu welchen ich keine Vor-
bilder habe auffinden können, älter sind als Münchhausen,
dass „in wer weiss welchen alten Schwarten", wie Ellissen
sich ausdrückt, auch schon erzählt wird von einem Jäger,
der einen Fuchs mit einem Brettnagel an einen Baum fest-
schiesst und aus dem Pelze bläut, oder Flintensteine im
Innern eines Bären explodiren lässt, vielleicht auch von
dem toll gewordenen Rock, dem Hund mit der Laterne am
Schwanz und dem, der sich die Beine wegläuft, von dem
Hasen mit vier Läufen oben und unten und von dem Abenteuer mit Löwen und Crocodill. Kraftstücke, wie das Tragen einer Kutsche nebst Pferden über eine Hecke, einer Kanone u. s. w. sind Nachbildungen solcher, wie sie ähnlich
unter andern auch die Zimmerische Chronik berichtet,[237]
die ja auch an Reitstücken Einiges enthält, was Münchhau-
senschen Thaten nicht ungleich ist (s. oben S. 71). Seine
Erzählung, wie er sich selbst sammt dem Pferd aus einem
Sumpf zieht, könnte man mit einiger Kühnheit entstanden
sein lassen, als König Ludwig von Ungarn bei Mohacz 1526
in einem Morast umgekommen war.[238] Als Anleihen bei der
„Nouvelle fabrique", die einem Raspe sehr wohl bekannt
sein mochte, möchte man die Geschichte von dem Hasen

6*

und dem Hunde betrachten, die auf der Jagd zugleich werfen[289], sowie den Bericht von der Art, wie Münchhausen
einmal im Winter von einem Baume aus sich in den Besitz seines ihm entfallenen Messers setzt;[290] doch ist es
keineswegs ausgeschlossen, dass auch diese Dinge ebenso
wie andere im französischen Lügenbuch enthaltene schon
vor diesem bei uns erzählt wurden.

Die sonstigen Abenteuer Münchhausens, in denen man
zumeist directe Entlehnungen Bürgers aus Lucian erkennt,
gehören zu denjenigen, die den Inhalt der eigentlichen
Reiseberichte, der Voyages imaginaires bilden, einer Gattung
von Erzählungen, die zwar auch πολλὰ τεράστια καὶ ἀλλόκοτα[291] ersinnen und erdichten, deren Darstellung jedoch
eine von der vorliegenden gesonderte sein müsste. Schon
in ihrer Eigenschaft als Kunstprodukte unterscheiden sie
sich wesentlich von den Lügenmärchen und Lügenschnurren,
welche in möglichster Vollständigkeit hier zusammenzubringen mein Bemühen war. Was nach ihrer Verarbeitung
im Münchhausen an dergleichen Dingen auftritt, davon gilt
Dasselbe, was v. d. Hagen über die Schildbürgerstreiche
sagt[292]: sie entbehren der Originalität oder gehen doch zu
sehr ins Grosse und Allgemeine.

V. Nachweise und Anhänge.

1. Deutsches Wörterbuch u. d. W. Gedicht, Band 4, 1. Theil, Sp. 2015 f. Als weitere Beispiele für diesen Gebrauch von Gedicht sind anzuführen: „Ein Lügen darff wohl zehen Gedicht, biss sie einer Warheit ähnlich gedrehet wird“, Lehmann: Florileg. polit. auctum, Franckf. 1662, S. 510, 65. — „Folgende Geschichte scheinet fast einem Gedicht ähnlich, ist mir aber für gewiss erzehlet worden“, Phil. Harsdörffer: Der grosse Schauplatz jämerl. Mordgesch., Hamb. 1662, S. 414, Nr. 119. „Obgleich, was jetzt erzehlet wird, mehr einem Gedicht, als einer Geschicht ähnlich ist . . .“, Phil. Wahrmund: Compendiöses Historienbuch, Leipz. 1722, S. 250. — In Joh. Casp. Suters histor. Lustgärtlein, Schaffhausen 1665, 12°, S. 98 das Wort „Lügendichter“. — Paullini: Zeitkürz. erbaul. Lust, 3. Theil 1697, S. 228: „Wer sagt denn, dass alles erdichtet sei, was Poeten vorbringen? Albere Grillen!“ Bismarck in der Reichstagssitzung am 29. April 1881: „Ein guter Redner muss etwas vom Dichter haben, auch das dunkle Gefühl, dass er nicht überall ganz wahr ist“.

2. Wieland: Agathon 7, 3. — Als Parallelen zu den Worten Schillers im Gedichte „An die Freunde“ vgl. Lucian ed. Bekker II, 42, 12 f., v. Lassberg: Liedersaal 2, 467, 8 f. und aus Grillparzer: Weh Dem der lügt:

> „Was sagst du, es sei nicht, da es doch ist,
> Und wiederum es sei, da es doch nie gewesen?“

3. Goethe: Aus meinem Leben 3, 13.

4. Klopstock: Epigr. 27. — Zu dem Folg. s. E. Rohde: Der griech. Roman u. s. Vorläufer, Leipz. 1876, S. 172.

5. Vgl. Fischarts Geschichtklitterung Vorrede (Kloster VIII, 13): „Plato, welcher, wiewohl er die Lügen als schendlich jedermann verbott, doch dieselbige dem Artzet trost halben gestattet“, und Wander: Deutsches Sprichwörterlexicon unter „Lüge“ III, Sp. 253, Nr. 12. — Im Recueil von allerhand Collectaneis und Historien etc., 1719—1725 (s. Gödekes Grundriss S. 514; im Exemplar der kgl. Bibl. zu Berlin ist vor dem Titelblatt der Patricier von Stüberogge zu Lüneburg

als Verfasser und Hannover als Erscheinungsort dieses Buches angegeben, „nach Nomriz (?): Vernünftige Gedanken über allerhand histor., krit. und moral. Materien, T. 3, S. 72. Uffenbachiana biblioth. Bd. I, S. 910, Nr. 13*), 12. Hundert S. 31, Nr. 80: Panacaea of Remedie om alle Sieckness te genesen. Am Ende: „Mendacium medici, solatium aegri. Doctoors leugen (soo ic gis) Eenen troost der Krancken is". — Curiouser Raritätenkasten, in welchem vorgestellet wird die Windmacherey . . . Von einem Liebhaber der Wahrheit, Leipz. 1733 (s. Maltzahns Bücherschatz 519, 2051), S. 231 f.: „Wer sich und anderen eine vergönnete Lust zu machen etwas ertichtetes oder zweydeutiges auff die Bahn bringet, der kan ungefähr auff diese Würckung Conto machen: 1. Ergötzet er andere mit seinen schertzhafften Erzehlungen, so bey ihnen 2. ein gut Geblüt macht, weil durch das Lachen der Umlauff des Bluts befördert wird, und also 3. zu ihrer Gesundheit etwas beytragen kann, wodurch ihnen 4. deren Person wohl gefällt, und daher ihn gerne um sich leiden" etc.

6. Kant: Anthropologie, Königsb. 1800, S. 88 f. Aehnlich in Luc. ed. Bekker I, 209, 30: μάλα πολλοί εἰσιν οἱ τοιοῦτοι οἷς ἔμφυτος ἔρως ἐστὶ πρὸς τὸ ψεῦδος. 209, 15: τοῦτό ἐστιν, ὃ τοὺς πολλοὺς εἰς ἐπιθυμίαν τοῦ ψεύδεσθαι προάγεται, ὡς αὐτούς τε χαίρειν μηδὲν ὑγιὲς λέγοντας καὶ τοῖς τὰ τοιαῦτα διεξιοῦσι μάλιστα προσέχειν τὸν νοῦν. 209, 26: τὸ ψεῦδος πρὸς πολλοῦ τῆς ἀληθείας τίθενται, ἡδόμενοι τῷ πράγματι καὶ ἐνδιατρίβοντες ἐπ᾽ οὐδεμιᾷ προφάσει ἀναγκαίᾳ. Am kürzesten der Psalmist: Alle Menschen sind Lügner.

7. MSD, Nr. XX, wozu die Anm. S. 334 (Ausg. v. 1873), vgl. Lambel: Erzählungen und Schwänke, S. VI.

8. Das Lügenmärchen streift nach Inhalt und Form an das Räthsel, vgl. Zeitschr. f. deutsches Alterthum 3, 25. Ueber Räthsel, auf deren Lösung ein Preis gesetzt ist, s. Uhland: Schriften zur Gesch. der Sage und Dichtung 3, 336 f. Anm. 264. Nach der Hervararsage hatte der Götakönig Heidhrekr einst geschworen, Jedem, der gegen ihn gefrevelt, zu verzeihen, wenn er ihm unlösbare Räthsel vorlegen könne. — Zu der Sitte, sich durch drei Wahrheiten zu retten s. Grimm: Kinder und Hausmärchen 3 (3. Aufl. 1856), 295 f., sowie S. 145.

. 9. Das Münstersche Märchen in KHM 3, 193 f. Uhl. 3, 236, die übrigen in: Kuhn und Schwarz: Norddeutsche Sagen und Märchen 1848, S. 353, Nr. 12. P. Asbjörnsen: Norweg. Volksmärchen, deutsch von Fr. Bresemann, Berl. 1847, Band 2, S. 96 ff., Nr. 9. Müllenhoff: Sagen, Märchen u. Lieder der Herzogthümer Schleswig-Holstein und Lauenburg, Kiel 1845, S. 153, Nr. 209 (vgl. dazu das Sprüchwort: Hülfe Lügen, so würde keiner gehangen, Wander: Deutsches Sprichwörterlexicon 3, 265, 14; 268, 101). Das Wendische Märchen in Karl Haupt's Sagenbuch der Lausitz, 2. Theil 1863, S. 216, Nr. 316, sächsisch in: J. Haltrich: Volksmärchen aus Siebenbürgen, Wien 1877,

S. 268 ff., Nr. 59. J. W. Wolff: Deutsche Hausmärchen, Gött. und Leipzig 1851, S. 424 f., vgl. mit Nr. 58 bei Haltrich, S. 266 ff. Das litauische in: A. Schleicher: Lit. Märchen, Sprichwörter, Rätsel und Lieder. Weimar 1857, S. 37 f. Das serbische Märchen in KHM 3, 336 ff. Uhl. 3, 234 ff. Bei Uhl. 3, 235 f. auch das Märchen vom himmlischen Dreschflegel (in KHM Nr. 112).

10. Keller: Fastnachtsspiele aus dem 15. Jahrh., Stuttg. 1853, 1, 86 f.

11. Ueber das Begehren eines Trunkes am Schlusse der Lügenlieder s. Uhl. 3, 230.

12. Zeitschrift für deutsches Alterthum 16, 437 ff.

13. Der Honigfluss kommt auch in den Lügenliedern vor, Altdeutsche Blätter 1, 163, V. 27, Suchenwirt Nr. 148, V. 8, und im Finkenritter. Von einer ungeheuren Menge Milch, die 7 Mühlen treibt etc. fabeln das norweg., siebenbürg. (S. 266), wend. (Haupt 2, 216) und schweizer. Märchen, s. Rochholz in der Germania 7, 400 f., vgl. überhaupt die ganze Darstellung über das Milchmeer S. 392 ff.

14. S. Uhl. 3, 223.

15. Das engl. Märchen von Jack und dem Bohnenstengel in KHM 3, 321 f. Es ist verwandt mit dem Märchen bei Haupt 2, 217, Nr. 317, wo ein Bauer auch drei mal in den Himmel steigt, beim dritten mal aber Prügel erhält.

16. Ueber das Winden eines Seiles aus Spreu etc. s. KHM 3, 194 f. Seil von Frauenbart und Fischhaar 3, 241, aus Sand Uhl. 3, 336 Anm. 263. — Ut, quod aiunt Gracci, ex incomprehensibili parvitate arenae funis effici non possit. Colum. 10 praef. § 4 fin. — Betreffs des Engl. s. Liebrecht in Germ. 2, 245. Das Dithmars. Tanzlied in Müllenhoff's Sagen, Märchen etc. S. 473, Nr. 31 (auch bei Busch: Deutscher Volkshumor 1878, S. 180 f.) s. auch Wunderhorn 2, 410 ff. Jen. Literaturzeitg 1810, Nr. 38, Sp. 299. Wackernagel's Leseb. 2, 38, in doppelter Form in Fr. M. Böhme's altdeutschem Liederbuch 293. 294. Haupt und Schmaler: Volkslieder der Wenden, Grimma 1841, 1. Theil Nr. 151; s. auch S. 376 f. (Seide aus Maienregen, Zwirn aus der Haferähre). Geschichtkl. Cap. 43 a. E. (Klost. 8, 467): gehaspelt Haferkässuppen und Saurmilch am Rad gesponnen.

17. Ein Mädchen erhält eine Rippe vom Holze einer Ulme in einem Märchen aus Wälschtirol, hg. v. Chr. Schneller, Innsbruck 1867, S. 22.

18. S. Gödekes Grundriss S. 421, Nr. 4 und Elf Bücher Deutscher Dichtung 1, 147, 59.

19. E. Meier: Volksmärchen a. Schwaben 1852, Nr. 76. J. W. Wolf: Deutsche Hausmärchen 1851, S. 422 f.

20. In zwei einander sehr ähnlichen „Jahrmarktspiecen", welche Scheible ohne weitere Angaben in seinem Schaltjahr 4, 119 ff. und

491 ff. abdruckte („Der lügenhafte Aufschneider" vielleicht das von
W. Grimm KHM 3, 229 erwähnte Volksbuch?) wird der Abschnitt
vom Fischteich und der vergessenen Hirnschale ebenfalls erzählt.

21. Im 3. Band seiner von Pfeiffer herausgegebenen Schriften
zur Geschichte der Dichtung und Sage, S. 223—237. Schon Harsdörffer
(Quirinus Pegeus) Artis apophthegmat. continuatio: Fortgeleitete
Kunstquellen .., Nürnb. 1656, nimmt auf diese Gattung Bezug S. 21:
„Was hat die brennende Flamme für Gemeinschaft mit der grössten
Kälte? Was hat die Kunst für Gemeinschaft mit der Unschicklich-
keit (= Nichtfolgerichtigkeit, Unsinnigkeit) und die Ordnung mit der
Verwirrung und Unordnung? Aus dieser Quelle (aber) flüssen offt
viele und erfreuliche Schertzreden" etc. (Beispiel S. 305, 4475: „Un-
schicklich. Der Speck vom Schuncken dienet zu keiner Schlafhauben").
S. auch Flögel: Gesch. der kom. Literatur 1, 68 f., v. Lassberg: Lieder-
saal 2, 384; Harsdörffer: Der grosse Schauplatz lust- und lehrreicher
Geschichte, Frankf. 1651, 2. Hundert S. 381 f. „Neuzeitungen, aus dem
Frantzösischen Galimatias, oder Coq a l'asne zu Teutsch Reim dich
Bundschuhe." Gervinus: Gesch. der deutschen Dichtung 2⁵, 540.

22. Auch in Görres altdeutschen Volks- und Meisterliedern 1817,
S. 221. Vgl. Uhl. 3, 227.

23. Zu V. 6: ein snekke wolte springen vür den lehbart, vgl.
Wander, Sprichwörterlexicon u. d. W. Hase 2, 376, 209. Eyring
Copia Proverb. Eissl. 1601, 1, 503: Der Krebs ein Hasen wil erlauffen.

Zu V. 7: ein mor sprach: mich mak nie man überwizen s. Büchmann: Geflüg. Worte 1877, S. 242 (Mohrenwäsche). Rabelais
Garg. 5,22. Germ. 5, 44:
„Wer wascht den zigel, daz er sine roete lâ,
wer hat die krâ, daz man ir swerze vertribe ...."
Keller: Alte gute Schwänke 1876, S. 22, 1: „Wer baden will ainen
rappen weiss ...", wie denn überhaupt die Priameln eine Menge
solcher in den Lügenstücken vorkommenden Unmöglichkeiten enthalten. Im „Hirnschleifer" von Aegid. Albertinus 1618, S. 452 ff.
wird ein Bild ausgelegt: „Ein Mann wascht einen Mohren".

24. Vgl. Uhl. 3, 223 f.

25. S. Hoffmann v. Fallersleben: Verzeichniss der altd. Handschr.
zu Wien, 1841, S. 71 f.

Zu V. 44 f.: „dô sach ich einen snecken zwêne lewen toeten". Neben
anderen unmöglichen Dingen, die der Boppe HMS 2, 385 auszuführen hat, um den Lohn seiner Dame zu verdienen, soll er
auch „mit sneggen vil der einhürn unt der draken vahen".

Zu V. 45 f.: dô hiez er mûren durch wer zwêne türne ûf ein linden-
blatt vgl. Nr. 6, V. 22 f.: „ain lobfrosch hat ain ritter husz uff
ainem pfersichstain", und die Wendung: „Ein Haus bauen auf
einer Nadelspitze", die in den „Inschriften an Haus und Geräth"
vorkommt (bei Busch, Deutscher Volkshumor 1878 S. 101).

Zu V. 83 ff.: Er lluget, er sache ûf einer wise etc. vgl. Leipz. Illustr.
Zeitung Nr. 1951, S. 516: „Deutsche Redensarten."
26. Vgl. KHM 3², 239.
Zu V. 30—39, 54—59 und dem von Uhl. 3, 224 f. Gesagten s. auch
O. Schade im Weimar. Jahrbuch (1855) 3, 258, sowie Rochholz:
Alemann. Kinderlied und Kinderspiel S. 308, Nr. 718 und Mass-
mann in den Heidelb. Jahrbb. der Lit. 1826, S. 1213 f. Hierher
gehören auch die Lieder vom Schnützelputz-Häusel, im Wunder-
horn (1808) 2, 406 f. (s. auch die Kinderlieder S. 88. 92), in der
Sammlung deutscher Volkslieder von Büsching und v. d. Hagen
Berl. 1807, S. 59, Nr. 23; Hub: Kom. und humorist. Dichtung
1851, 2, 735. Mittler: Deutsche Volkslieder 1317. Ferner E. Meier:
Volksmärchen aus Schwaben 1852, Nr. 87, und Rochholz: Alemann.
Kinderl. S. 168 ff. Achnlich dem Bremer Kinderreim bei Uhland
sind: „Ellori Belleri" in den „Münsterischen Geschichten, Sagen
und Legenden, Münster 1825, S. 213 (nach einer handschriftlichen
Bemerkung L. Erk's vom 24. Febr. 1880 im Exemplar der Berl.
Bibl. [Yt 1271] sind die Herausgeber ausser andern Schlüter und
Junkermann), und das Schoosslied in Müllenhoffs Märchen, Sagen,
Liedern etc. (auch bei Busch S. 182 f. und in dem Kinderbuch:
„Aus dem Kinderleben" Oldenbg. 1851, S. 86 f., wo auch S. 100
zu vergl. ist). ·
Zu V. 18 vgl. Germ. 5, 46: und wenn ein chint mit ainem geren sol
stekehen ainen alten poren ...
27. Zu Lieders. 2, 388, V. 114 f. vgl. Germ. 18, 183 (Liebrecht
zur Zimm. Chr. 3, 354, 7 ff.).
28. S. Hoffmann v. F. Verzeichniss etc. S. 98, Keller: Altd.
Handschriften, Tüb. 1864, S. 16. Vgl. Uhl. 3, 228. Die Einrahmung
der Lügen in den Wachtelfang erklärte Uhland auch in der Germania
(1856) 1, 328 f. mit Hülfe des Spruchs des Teichners, und W. Grimm
in KHM 3, 221 betrachtet auf Grund des von Haupt in seiner Zeitschr.
4, 578 Gesagten die Wachteln als gleichbedeutend mit Lügen. Vgl.
die Sprichwörter bei Wander 3, 255, 76; 259, 165; 267, 82; 271, 168;
272, 174; 273, 218. — Im Schauspiel des Herzogs Heinrich Julius von
Vincentius Ladislaus erzählt Johan Bouset (in der Ausg. v. Holland
1855, S. 541), als Vincentius von dem lieblichen Gesang eines Storches
berichtet, er habe „dergleichen auch einmal gehört, das eine Wachtel
gar lieblich auff eine sonderliche Melodey sang: Wer weis obs wahr
ist, was die Leute sagen". Aehnlich bindet bei Aegid. Albertinus:
Hirenschleifer, München 1618, S. 9 ein Rathsherr seiner neugierigen
Frau auf, es sei darüber berathschlagt worden, dass man eine Wachtel
habe fliegen sehen mit „einem guldinen helm auff dem Kopff und
einen Spiess in den Klawen". — Endlich sei noch auf einen Spruch
in Germ. 17, 185 hingewiesen, wo ähnlich wie das „wahtel in sac" refrain-
artig die Worte wiederkehren: „Noch wer mein sack leer", und den

Fluch: „Je Potz Sack voll Endten“ (s. Anm. 102) in „Der bösen Weiber nützliche Apothec“ Ende 17. Jh. S. 26. Im Einzelnen ist zu bemerken: Zu V. 28 und Uhland's Anm. 228 (S. 329) aus: De generibus ebriosorum et ebrietate vitanda, Ausg. v. J. 1565, A 12: „Drey weil hinder dem Pfingstmontag".

Zu V. 50: Kurle Murre: „sollen sie sich im Trinken fleissig excerciren und uben allerley art zu trinken .... Ein Kleeblatt zusampt dem Stiel: den Kurle Murle Puff ...“ Joh. Sommer: Ethographia Mundi I, 12. Regel (Ausg. v. 1659 S. 76), s. auch Busch: Deutscher Volkshumor S. 125.

Zu V. 67. Der von Uhl. in Anm. 231 (S. 330) citirte Ausspruch des Meissners kommt als „verum egregium sane dictum Keyserspergii nobilissimi istius Argentinensis concionatoris“ in dem Quodlibet de generib. etc. D 4 vor, ebenso in der Zimmer. Chronik (hg. v. Barack) 2, 589, 3. Im „Wissbadisch Wisenbrünnlein, d. i. Hundert schöne, Kurtzweil. zum theil new etc. Historien“. Raph. Sulpicius à Munscrod Germanus, Franckf. 1610 (Verf.: Michael Caspar Lundorff [Lundorp], vgl. Köhler in Wagner's Archiv I, 452), S. 161 wird die Aeusserung dem h. Augustinus beigelegt, s. auch Sam. Gerlach: Nova Gnomotheca, darinnen 3000 Historien, Leipz. S. 1681, Lib. III, S. 114, Nr. 629. Bei dem „hülzin bischofhat man wohl an die in den Häusern aufgestellten Götzenbilder zu denken; von einem ungelenken, unbehülflichen Menschen sagt man in Schwaben: „Er steht da wie ein hölzerner Herrgott, wie ein pappeter Jesus“ (Schmid: Schwäb. Wtb. S. 623). — Zu der ganzen Stelle V. 67—72 vgl. das Märchen Nr. 138 in KHM und 3, 220 f., sowie Rochholz S. 528 ff. Die im gewöhnlichen Leben sehr übliche Wendung Schläge austheilen ist der verkehrten Welt recht eigentlich augepasst: es ist das Austheilen von Gaben, Geschenken u. dgl. in verkehrter Form, s. R. Hildebrand: Ueber den deutschen Sprachunterricht etc. 1879, S. 110 und Haupt's Zeitschr. 9, 308, Anm. 12. Im Rollwagenbüchlein, Frankf. 1597, S. 12b stösst ein Pfaffe den Stiel in das Weihwasser und besprengt die Leute ganz wie es das Wachtelmaere beschreibt. Vgl. Redensarten wie „den Gottwillkommen mit einem Eichnen bonus vesper entrichten“ (Der bösen Weiber nützl. Apothec, E. 17. Jh., S. 34) und ähnliche.

Zu V. 76 ff. Die „liderinen Glocke“ findet ihr Seitenstück in der „liderne Posaune“, „lidere Saekpfeiff“, „ströerno Pfeiff“ und „wüllene Zincken“, welche in der Fastnachtspredigt von Dr. Schwarmen zu Hummelshagen (Ende 16. Jh., hg. von Karajan 1856, auch bei Busch S. 154 ff.) vorkommen. Vgl. auch Narrenschiff 43, 25: Ein glock on klüpfel gibt nit thon, ob daz jen hangt eyn fuchsschwentz schon“ und eine ähnliche Stelle in Fischarts Geschichtklitterung Cap. 22 (Kloster 8, 288), dazu s. Rab. Garg. 1,19 und die Anm. bei Regis 2,87 f. 150. Von hölzernen Glocken redet ein Sprüch-

wort bei Rochholz S. 57. In der Zimmer. Chron. 3, 463 f. läuten die
Knechte, wenn der Herr aus dem Hause geht, in verstohlener
Freude mit einer „hulzin Glocken", die in einem Kübel besteht.
Zu V. 140 s. Germ. 1871, S. 120 die Erörterung Liebrechts über
Taterman. Das 19. Cap. in Geilers Predigt über das Narrenschiff
handelt „Von Schwatzuarren, Daternarren, Klappernarren".
Zu V. 158 f. auf ain fewrein velt da gingen fisch wol enzolt vgl.
Lauremberg 1. Scherzged. V. 435 f. (bei Lappenberg S. 16, s. auch
die Anm. S. 216). In Montanus' Wegkürzer fischt Dosch mit der
Angel auf dem Brachfeld, s. Goedcke: Schwänke des 16. Jh.,
S. 142. Im Recueil etc. 24. Hund. 1721, S. 9 Nr. 5 in einem Catalog
von Raritäten ein Manuscript über das Kunststück, Walfische
„mit dem Kloben auf dem freyen Felde zu fangen".
Zu V. 210: ain milistain ubr mer swam, was auch im Dithmars.
Lügenlied, in Büsching u. v. d. Hagen's Sammlung deutscher
Volkslieder Nr. 107, Str. 4 und in einem Kinderlied bei Rochholz
S. 264 (Es fahrt e Müllistei do Rhi abe) wiederkehrt. Herr
Dr. H. Pröhle in Berlin theilte mir mit, dass er einmal zwischen
Halberstadt und Quedlinburg einen verkommenen Musikanten
traf, welcher ihm ein Lied vorsang, in dem auch vorkam: „ein
Mühlstein floss den Rhein hinab". Vgl. in Cap. 41 der Geschicht-
klitterung (Kloster 8, 448): „er hett sonst geschwummen wie ein
Wetzstein"; Phil. Harsdörffer: Schauplatz jämmerlicher Mord-
geschichte, Hamb. 1662, S. 439 Nr. 127: Der schwimmende Stein.
Matthias Abele: Künstliche Unordnung 3. Theil, worinnen 40
Historien, Nürnb. 1671, S. 18: „Ex arte natandi. Wie ein Mühlstein
in gar kurtzer Zeit schwimmen lernen könne?" Abraham a St. Clara
10, 206 (Hui u. Pfui) berichtet, im J. 1100 sei „eine steinerne
Bildnuss Mariä" auf dem Meere zur Stadt Ravenna geschwummen.
Mark Twain (Amerikan. Humoristen hg. v. Grunow 2, 100) hat
im „Springfrosch" die Redensart: Jemanden mit dem Versprechen
ins Schlepptau nehmen, ihm die ersten dritthalb Dollars zu
schenken, die man auf einen Schleifstein den Fluss hinabschwim-
men sieht". — Im Siebenbürg. Märchen (bei Haltrich S. 264) fragt
der verlogene Junge einen Müllerknecht, ob nicht ein Mühlenstein
vorbeigeflossen sei, was dieser bejaht.

29. Zu V. 1 ff. Vgl. KHM 3, 156. „Rosen im Winter" ist eine
im Italienischen sprichwörtliche Redensart, vgl. Bojardo: Orlando in-
amorato 1. Buch, 29. Gesang, 8, 3 f. und die Anmerkung zu dieser
Stelle in der Uebersetzung von Regis, Berl. 1840 S. 345. Unter den
Wundern der Heiligen kehrt öfters das Blühen von Rosen im Winter
wieder, s. Abraham a St. Clara Werke, Passau 1835, 4, 155 (Judas):
„Bracht hat durch das Gebet die selige Agnes Politiana die schönsten
Rosen mitten im Winter"; 9, 177 (Bescheidessen), 10, 278 (Hui und
Pfui): aus Annal. Minorit. Ao. 1223, wo der heil. Franziscus im

Januar im Schnee schöne Rosen im Garten sah; 14, 420 (Etwas f.
Alle), wo nach Bonaventura berichtet wird, bei der Geburt Jesu
seien wunderbare Blumen aus dem Schnee hervorgesprossen. Vom
Blühen der Weihnachtsrose (Helleborus niger) berichtet auch schon
der Botaniker Brunfels 1550, s. „Gartenlaube" 1881, S. 143.

Zu V. 59: Kieseliges smaltz kommt neben vielen anderen unsinnigen Zuthaten auch in den komischen Recepten bei Haupt
5, 14 und 15, 510 und in der Germ. 8, 64 vor, dort auch noch
„smalcz von stigliczfersen", welche nebst den „mucken fuezzen"
sich an die von Höfer in Germ. 1873, S. 19 zusammengestellten
Umschreibungen für „Nichts" anreihen (Lausdaumen, Karoks-
wurst etc.). „Kislingplut" auch in Keller's Fastnachtsp. 2, 650, 96.
685, 1.

Zu V. 65. Weihnachten im Sommer passt zu den Rosen im Schnee.
Aehnlich im Dithmars. Lied (s. Anm. 37) Str. 2: Zu Pfingsten auf
dem Eise (dazu viele Belege bei Wander 3, 1324. 23. 28; 1325, 29).
Euch. Eyring: Copia Proverb. 3. Theil, Eissl. 1604, S. 601: „Zu
Sanct Mertens Tag, wenn die Störche kommen, Zu Weihnachten
in der Schnitt-Erndte." Germ. 8, 64: „schne der zu den sunbenten
gefallen sey". Wolfr. Parz. 489, 27: „bi dem sumerlichen snê,
vgl. 493, 4 ff. Im Quodlibet in Mones Anzeiger f. Kunde der
d. Vorzeit 1, 213: „Gekomen ist der winter, wo sulle wir vor hicze
gebleyben?" Recueil 9. u. 10. Hund. 1729, S. 61, Nr. 50: „nackend
in die Sonne liegen und gehen, sonderlich um Weynachten, wann
sie am allerheissesten scheinet". In einem Schweizer Kuhreihen
(KHM 3, 242) kommt auch ein heisser Sommer vor, in dem alles
erfriert. Im Windbeutel bei Keller 493, 35 ff.: „Enmitten in dem
sumer heiss Erfrur eym hirten sein pest geis". So friert auch
im Liedersaal 2, 386, V. 96 f. ein Wohldeckter an der Sonne,
vgl. damit die Stellen in den Fastnachtsp. 3, 1201: „an die sunn
zu mitternacht", im Recept in Haupt's Zeitschrift 15, 511: „henk es
an die sunnen die halben nacht", in Germ. 8, 64: „leg das zu
mitternacht an die haiss suu, so wirt es dürr", in: Dicteria Grilli.
Lasstafel etc. hg. von Haupt 1854, Hornung: „am kalten Montag,
als die fraw den beltz verpreut zu mitternacht am Sonnenschein"
(dieselbe Stelle in Fischart's Practik, Kloster 8, 627; vgl. Wander
3, 717; 1034 f.; 2, 1692, 622 ff.).

30. S. Keller: Fastnachtspiele 1853, S. 1499.

31. 488, 17—20 sind aus dem Wachtelmaere V. 22—27 entlehnt.
Auch der Eingang ist ähnlich, ebenso stimmen 487, 17 — 19 mit
Wachtelm. 40 ff. überein.

32. S. Keller: Fastnachtsp. S. 1374.

33. S. ebenda S. 1466. 1514.

Zu I, 93, 4: „Ein ku was auf ein paum geflogen". Diese Wendung
findet sich noch heute sprichwörtlich zur Bezeichnung von etwas

ganz Unmöglichem und Wiedersinnigem. So lautet ein schwäbisches Sprichwort (in Schmids Schwäb. Wörterb. S. 627): „Man meint, es sei eine Kuh flügig geworden, sie stosse die Hörner am Himmel an". In einem Lügengedicht bei A. Peter: Volkstümliches aus Oesterreich-Schlesien, Band 1, Troppau 1865, S. 73 heisst es unter Anderm:

„Ich hoor drai poolsche Ouxe gaaan,
di sain ibrsch Meer gflooge".

Schon dem h. Thomas von Aquino lügt ein Geistlicher vor, er sehe einen Ochsen fliegen, Abrah. a S. Clara 2, 135; 11, 92; 13, 1, 27. Ebenders. sagt 4, 360: „Wo giebt es der gleichen mehr solche wackere Dienstboten? wo? hinter Calecut, wo die Kühe Flügel haben etc". Geschichtklitt. Cap. 8 (Kl. 8, 145): „Ju; ju, den Gater zu, dass ausflieg keine Kuh". Johann Sommer: Martins-Gans, Magdeb. o. J., S. 117; „als die Fische auff dem Lande geschwommen, die Hasen im Wasser gewohnt und die Küh und Kälber in der lufft geflogen". Eine Reihe ähnlicher Unmöglichkeiten bietet eine Priamel im Recueil 25 Hund. 1721, S. 171, Nr. 72 unter der Bezeichnung „Rodomontade":

Gendt en Brugge zyn twe Steden
Als men die trecken sal op Steden
En de zee zyn sonder Sant
En de Werelt sonder Land;
En als den Vogel broeyt in Stroomen
En den viach nestelt in de boomen.
Als den Uyl sal zyn een Pauw
En den Koeckoeck wesen blauw
En als de vliegh sal een arendt dwingen,
En een koe over de Schelde springen
En als den os verandert in een Swyn
Dan sal de Werelt sonder geveynstheyt zyn.

Der Windbeutel will (in Kellers Erz. 490, 21 f) ganz ähnlich einen Hund „zu oberst auff ein turen climm" gesehen haben, und schon Lucian erzählt im 1. Buch der wahren Gesch. von fliegenden Fröschen. Man denkt dabei an das Kinderspiel: Alles was Federn hat fliegt, bei welchem Unachtsame auch oft Dinge fliegen lassen, die sich sonst mit der Kuh in gleicher Lage befinden.

Zu 1, 93, 11: „Ich weiss ein maier, der legt alle Tag dreu grosse aier" vgl. H. Sachs Schwank vom „Kelberbruthen" in der Ausg. von Keller 9, 288 ff. und das Märchen vom dummen Hans, der Gänseeier ausbrüten will, KHM Nr. 32, S. 3, 60 ff. Gödeke: Schwänke des 16. Jh. S. 31. Geist von Jan Tambaur o. O. u. J. S. 244 ff. Mancherley Historien oder Zeitverkürtzer, Augsb. 1675, 12, S. F. 4. Philander: Zeitverkürzer 1702, S. 16 ff. Nr. 20. J. P. Waltmann: Der wohlstudirte Pickelhäring, Röthenbach 1733 (auch

schon 1730 erschienen) S. 31 ff. Die Jaxtheimer als Eierleger bei
Busch: Deutscher Volkshumor S. 69 f. Mit dem Vorgeben, er
könne Eier legen, führt der Possenreisser Paul Wüst einen Wirth
an, s. Scheibles Schaltjahr 2, 30 ff. Erkärlicher ist, was Hans
Sachs im Spruch vom Schlaraffenland sagt, bei Keller 5, 339, 20:
        Wer pferd hat, wird ein reicher mayer,
        Wann sie legen ganz Körb voll ayer.
Aehnlich Haupt 2, 565 V. 81. Vgl. Keller: Fastnachtsp. 2, 760, 18:
Und hat ain pferd, das mir legt. In einem Märchen aus Wälschtirol (bei Schneller S. 165) soll ein Esel Eier ausbrüten, ebenso
ein Ochs in einem hessischen (Hoffmeister S. 41), vgl. Wander 2, 1692, 624. 622. In Paullini Zeitkürz. erbaul. Lust 1, 26 legt
ein Hund Eier, nachdem er ein für Hühner zubereitetes Futter
gefressen, vgl. Recueil etc. 25. Hund. S. 214, Nr 91. 92.

34. S. auch Fastnachtsp. 1, 60, 23 ff. 367, 10 ff. sowie die Anm.
Weinholds 3, 1483. — De generib. cbr. etc. v. J. 1565, C 6 f. „Rc. pipe-
ris longi manipulum unum, uncias pillularum cochiarum, ungekocht
fledermeuss, rips raps, stubenrauch, hymelblow II, donner ex gril-
lorum, adhuc semel, senff, merrettich, güty, ex eodem schorn-
stein fegen, diagredion, diatesseron, ein hinderviertel von der vich-
meydt im grossen spytal; misce simul et contere in mortario;
repetatur mane et sero, media nocte et in omni tempore." Dicteria
Grilli. Lasstafel etc. (1540) hg. von Haupt 1834, am Schluss: „Item
des plaw von dem hymel zwey lot, das grün von dem Regen-
bogen drey lot, ein stück von dem Nebel, Das alles mit eynem
Affenzagel zusamen gepunden ist gut für den plawen husten".
(Dieselbe Stelle wörtlich in Fischarts Practick, Kloster 8, 642). Ge-
schichtkl. Cap. 27 (Kl. 8, 355): „(nimm für den Schweiss) den
Glockenklang und was heur der Guckgauch sang, das Blaw vom
Himmel, und des bösen Gelts schimmel, von der Prucken das getümmel,
das gelb von einer beseugten Mor, der Affenschwantz und Schnecken-
ohr, und das Hirn von der Mucken etc." — Im Recueil etc. 9. u. 10.
Hund. 1719, S. 60, Nr. 80 sollen das Blaue vom Himmel, Fett von
Mücken, Eingeweide vom Knebel-Spies, ein Stück ungebrannter
Asche einer Ellen lang und eines Daumes dick, Enten-Milch, Gänse-
Schweiss, Totwind u. s w. in einem gläsernen Mörser mit einem Fuchs-
schwantz zerstossen und in einem Tiegel von Wachs calcionirt und
schliesslich durch „ein Eichen-Brett 4 oder 6 Zoll dicke" filtrirt
werden. — Vielleicht enthalten auch die noch ungedruckten, von
Keller 3, 1460 bezeichneten 2 Recepte Aehnliches. — Andere Recepte
geben Anweisungen zu Speisen, so Nr. 53 und 54 im „Buch von
guter Speise", hg. vom literar. Verein in Stuttg., s. dazu die Nach-
weise Wackernagels in Haupts Zeitschr. 5, 14f. In Talitz v. Lichtensee:
Reyssgespan 1697 (s. Gödekes Grundriss S. 513) S. 342, Nr. 225 wird
von Völkerschaften erzählt, welche „allerhand wunderliche und

seltzame Speisen gebrauchen, der Storcks-Neste zu ihrem Salat, alte
Huff-Eysen und Sensen-Spitzen für die Fische, und Pflug-Räder zu
ihrem Panquet etc." — Anderer Art ist die Anweisung zu geistlichen
Fastnachtskrapfen, auf welche Wackernagel Zeitschr. 5, 15 verweist.
Ihr ähnlich ist das Bussrecept in: Quirinus Pegeus: Artis apopthegm.
Continuatio 1656, S. 344 f., 4624, und das Jungfrauen-Recept Nr. 4695,
S. 345 f.

35. S. Fastnachtsp. 1, 59; 2, 679 ff., auch 1, 60, 30—61, 4 und die
Anm. Weinhold's 3, 1482. — Wenn der Doctor Eisenbart unter Anderm einem Patienten ein Fuder Steine aus dem Bauche nimmt
(s. Busch S. 189 f.), so ist dies vielleicht auf einen Schwank zurück-
zuführen, der zuerst in einem Gedicht von Hans Folz: „Die erst
aussfart eines arztes" (s. Keller Fastnachtsp. 3, 1202) erzählt wird.
Der Arzt erzählt in demselben auf Bl. lij, als er zu einem kranken
Bauern gerufen worden:

> Pald hyss ich yn eyn prunnen fahen
> Dar mit thet ich eym fenster nahen
> Ein karn mit mist ym glas erscheyn
> Ich dacht was teüffels mag das seyn
> Wie ein gelust hat yn besessen
> Das er ein karn mit mist hat gfressen
> Ich lacht and dorffts dem paurn nit sagen
> Doch wolt er mich sein nit vertragen
> Dan gen der pewrin meldt ich das
> Zeygt yr den karn mit mist ym glass
> Di sprach mei freunt euch dreügt d' glonster
> Get dan mit mir zu dysem fenster
> Ein karn mit myst ym hoff dort stat
> Des schein ym glas euch btrogen hat. —

Dieser Schwank findet sich noch öfter in Prosa, z. B. im Wissbad.
Wisenbrünnlein v. J. 1610, S. 138 Hist. LX.

36. Auch bei Hub: Kom. u. humor. Dichtg. 1, 14 ff.

37. Nach Hans Detlef in des Neocorus Dithmars. Chronik, hg.
v. Dahlmann 1827, 2, 568 und in Anton Viethens Beschreibung und
Gesch. des Landes Dithmarschen, Hamb. 1753, S. 111; auch bei Hub
1, 284, in Scheible's Schaltjahr 1, 203 f., in Müllenhoff's Sagen und
Liedern etc. S. 474 f., bei Busch S. 179 f., vgl. Büsching und
v. d. Hagen: Sammlung deutscher Volkslieder, Berl. 1807, Nr. 107:
Die Lüge.

38. S. Uhl. 3, 326 Anm. 208 und Fr. M. Böhme: Altdeutsches
Liederbuch, Leipz. 1877, S. 361. Auch bei Hub 1, 286. Zu Str. 8:
„da giugen die gens in kirchen, predigt in der fuchs" und Uhl. Anm.
214 S. 326 vgl. Fischart: Die Gelehrten die Verk. V. 636: „Der Fuchs
kan auch den Gänsen predigen", und die Anm. bei Kurz 3, 457; in
der Geschichtkl. Cap. 25 (Kl. 5, 307) dagegen: „Die Ganss geht auf

den Predigstnl.‟ — Sämmtliche Volkslieder dieser Art sind vereinigt bei Mittler: Deutsche Volkslieder, Leipz. 1855, Nr. 1308 ff.

39. S. Germ. 7, 194 und Püschel das Märchen vom Schlaraffenlande, 8. A. aus dem 5. Bande der Beitr. zur Gesch. der deutschen Spr. u. Lit., Halle 1878, S. 34 f. Menzel: Odin S. 198.

40. Hans Sachs' Spruch vom Schlaraffenland 1530, bei Keller 5, 340, 15, vgl. 339, 29. So ist auch in dem das Schlaraffenland schildernden spanischen Gedicht: „La isla de Jauja‟ (im Romancero general von don Agustin Duran, Madr. 1851) die Arbeit verpönt, es heisst dort pag. 339ᵇ:

Llámase esta ciudad Jauja,   Y al que trabaja le dan
Isla deliciosa, y tanto,   Doscientos azotes agrios,
Que allé ninguna persona   Y sin orejas le arrojan
Puede aplicarse al trabajo,   De esta tierra desterrado,

vgl. Püschel S. 28. In Rab. Garg. 2, 32 wird das Schlafen bezahlt, s. die Anm. dazu von Regis 2, 313. Auf die Faulheit werden auch anderwärts Preise gesetzt, so in der Erzählung der Gesta Romanorum Cap. 91, die auch im Fastnachtspiel bei Keller 1, 86 ff. sich wiederfindet, ebenso bei Eyring 2, 614 ff. Vgl. KHM 3, 233 ff. sowie die Anm. v. H. Kurz zu Fischart's Flöhhatz V. 1886 (Fischart's Dichtungen hg. v. H. Kurz 2, 428). S. ferner Germ. 5, 293 ff. Wagner's Archiv für Geschichte deutscher Sprache und Dichtung, Wien 1873, 437 ff. Eyring 1, 802 f. Nachtbüchlein 2, 21 (Gödeke Schwänke des 16. Jh. Nr. 7). Keller's Schwänke 1876, S. 47. 49. Mone's Anzeiger (1835) 7, 226 f. Kurtzweil. Hanns-Wurst v. Fröhlichshausen v. N. L., 1718, 12. S. 316 f. Abrah. Senffleben: Höchst nützl. Mischmasch von allerhand ... Begebenheiten, Weissenburg 1725, 12, S. 305, Nr. 373. Angenehme Gemüthsergötzung für Burger, Frankf. u. Leipz. 1735 (schon 1659 als „Ergötzl. Burgerlust‟) S. 30. Buch ohne Nahmen Leipz. o.J. S. 5 f. Nr. 10. Auch Abrah. a S. Clara 9, 560 (Bescheidessen) hat die Erzählung von den drei Faulen, ebenso Casp. Blanckardus: Neuer hist. Lustgarten, Nürnb. 1701, 12, S. 87 ff.

41. Keller 5, 340, 10. Vgl. Eyring 2, 54: „das Land der Schlauraffen, Welchs lange Zeit gehabt das lob, Von eim lügen ein Batzen gab.‟ S. Püschel S. 34 f.

42. Haupt's Zeitschr. 2, 564.

43. Zu Püschel's Abhandlung habe ich noch einige Bemerkungen zu machen. Zunächst möge an St. Brandan erinnert sein und an Das, was C. Schröder in seiner Ausgabe (1871) S. 37 Anm. 1ᵃ über das Bedürfniss des Menschen nach einer goldenen Zeit, einem Paradiese sagt. Vgl. auch Gervasius etc. hg. v. Liebrecht S. 89 ff. Aus dem Gedicht selbst sind namentlich (S. 75) V. 1113 ff. (vgl. auch S. 145, V. 826 ff., S. 152, 14) und (S. 61) V. 482 ff. (S. 136, V. 396 ff., S. 169, 27), sowie (S. 62) V. 523 ff. (= S. 136, V. 437 ff., S. 170, 12) hervorzuheben. Auch Casp. Ens.: Epidorpidum lib. I, Col. 1624, S. 143 ff. gibt eine

"Insularum fortunatarum descriptio" (ex Mureto). Was ferner die von Göd. im Grundr. S. 232, Nr. 46ª angeführte Prosa vom J. 1541 anlangt, welche Pöschel nicht zugänglich war (s. S. 39), so ist sie lediglich eine Uebersetzung von des Aen. Sylvius Epistola de fortuna ad dominum Procopium militem (s. Hain Nr. 187. 188; auch: Somnium Enee Silvii de fortuna etc. Hain Nr. 189—192, Nr. 193 aber davon verschieden, vgl. auch Panzer's Annalen S. 395 f.: Dis büchlein sagt und meldet Eneas Silvius von frau glück, wie sie manchen unverdienten menschen, so bald als den besten erhöcht oder aber angesehen hatt etc. a. E. Strassb. 1516). Es ist dasselbe Stück, welches sich in des Niclas v. Wyle Translationen unter Nr. XII findet (bei Keller S. 232 ff.); die dortige Uebersetzung datirt v. J. 1468, das benutzte Original v. J. 1444, und deckt sich fast wörtlich mit der des Druckes v. J. 1541 (in diesem wird fortuna z. B. immer durch "frau Venus glück" wiedergegeben). Das Ganze, im Einzelnen dichterisch schön durchgeführt, gipfelt wohl in dem Gedanken (Bl. Bij): "Die menschen werden nicht auff erdtrich geborn, reichtumb zu besitzen, oder lust zu empfahen, sonder arbeyt zu vollbringen." — In antiquar. Catalogen habe ich ferner noch gefunden:

1. a) Der Staat von Schlaraffenland o. O. u. J. (ca. 1700). S. 75 Seiten. Mit Titelkupfer. Ein Satire in Prosa. (Kgl. Bibl. in Breslau). Beginnt: Die Welt ist so voller Thoren, als der Himmel voller Sternn etc.
b) Der Staat von Schlaraffenland. Nebst Antwort u. 1 Kupfer o. O. 1709. S. (Scheible Kat. 31, 185).
2. Schlaraffenland-Landspiehl (Ein ganz neyes). Fl. Bl. in qu.-Folio. Volkswürfelspiel des 17. Jh. mit 20 characterist. Figuren und Text in Versen. Gestochen von. J. Ph. Steydtner. Haydinger's Bibl. III. Wien 1876.

Als Schilderung eines Schlaraffenlebens ist auch der "spruch von aim weltlichen closter, welcher mit weniger artlich, als lustig zu heren und zu lesen" von Graf Wilh. Werner von Zimmern 1542 gedichtet, zu betrachten, s. Zimm. Chr. 4, 336—346. Alle Tage ist in dem weltlichen Kloster "Ostertag und Fasenacht", Alles ist in Fülle vorhanden und Jedweder ohne Sorgen einem fortwährenden Freudenleben hingegeben; doch hat das Ganze einen feineren Anstrich als die gewöhnlichen Lieder vom Schlaraffenland. An den Spruch des Hans Sachs, bei Keller 5, 339, 16:

> so wachsen bauern auff den baumen
> Wens zeitig sind, so fallens ab
> Yeder in ein par stifel rab

knüpft die Stelle an: Zimm. Chr. 3, 155, 9: "wie man sprucht von pauren im Schlaurafenlandt, die uf den paumen wachsen, und da sie zeitig, fallen sie herunder mit den fuesen gerad in die stiffel, die inen gerecht und under den paumen auch gewachsen sein".

S. dazu Liebrecht in Gerin. 18, 183 und vgl. die Erzählnng bei Abrah.
a St. Cl. 10, 303 (Hui u. Pfui): Ein Junge ist auf einen Baum ge-
stiegen, lässt aber seine Schuhe auf einen darunter liegenden
Wandrer fallen und lügt ihm vor, der Baum trüge Schuhe, von denen
die gereiften abfielen. Der Mann steigt hinauf, um sich auch mit einem
Paar zu versehen, während dem aber klettert der Junge herunter
und stiehlt ihm den Ranzen. — Nach dem Sturm des vollen Berges,
Keller 5, 334 ff. entwirft Fischart die Schilderung der Festung im
4. Cap. der Geschichtkl. (Klost. 8, 86 ff.). — Der Zaun „gefloch-
ten von Bratwürsten braun" (Hans Sachs: Das Wappen der vollen
Brüder, Keller 3, 528, 3) schon in: De generibus ebriosorum ebrietate
vitanda. 1565. A 6ᵇ: „in das Schlauraffenland, Da die Heuser mit
Brat vunrsten gezeunet, vnd mit Honig bekleibt, vnd mit Fladen
gedeckt sein. De qua foelici patria dictum est: Dabo vobis terram
fluentem lac et mel. Da vns die gepraten Tauben in die meuler
fliegen." — Wie der Finkenritter in ein Dorf kommt, wo „die Häuser
von Rindern Fleisch gemacht, die Dächer mit Saumägen, Lungen und
Lebern gedeckt, die Stuben mit Schweinebraten getäfelt waren" etc.
(s. Pöschel S. 35) so heisst es auch in Stranitzkys Reisebeschreibung (s.
Goed. S. 540) J: (Hanns Wurst ziehet aus Holland in Westphalen) „dahero
glaubte ich unfehlbahr den Ancker meiner Hoffnung in Westphalen
auszuwerffen, von welchem Land man mir viel Lob-würdiges erzehlte,
sonderbahr die Kuchl-Geschichten betreffent, wie dass nehmlichen
ein solcher Vorrath an Schweinen-Fleisch darinn anzutreffen, dass
man mit denen Würsten die Zäun machte, mit dem Speck die Dächer
bedeckte, die Sau-Schuncken statt der Marck-Stain auffrichtete, und was
man noch ferners zu solcher Wirthschafft nöthig hat." — Fuchsmundi
(von demselben Verfasser) erzählt im 11. Cap. von der Hauptstadt auf
dem Monde: „Die Dächer auf den Häusern sind von Nürnbergischen
Pfefferkuchen, und der Regen ist eitel Limonade, mit Chokolade
schmiert man die Wagenräder". Die Säulen an den Thoren des
kaiserlichen Palastes bestehen aus „lauter grossen Tabacksrollen".
Dem Kaiser werden die leckerhaften Speisen mittels goldner Arm-
brüste in den Mund geschossen, die Getränke aber aus silbernen
Spritzen hineingespritzt. — Marx Mangold: Marckschiff etc. 1596
(vgl. Zeitschr. f. d. A. 21, 417) Aiijᵇ:

Da hat man einen Berg gefunden
Voll Mehl, das mans backen kunden

(vgl. A. Manzoni: Prom. Sposi 1, 11). — Im Märchen von Kickam's
Haus sind die Mauern von Zucker, Wände von Pfeffernüssen,
Fenster von Honigkuchen, Dach von Zwiebäcken, s. Pröhle: Märchen
für die Jugend S. 133, Nr. 40, vgl. Grimm Nr. 15: Hänsel und Grethel.
— Wunderhorn 2, 79 (1808):

Was gaffts lang ihr Lümmel . . . . .
Keine bratene Tauben, könnt kecklich mirs glauben,
Euch fliegen wird hier in das Maul.

— Zu den von Birlinger in der Germ. 15 (1870), S. 101; 16, S. 85
und 17, S. 93 mitgetheilten Zeugnissen gehört noch: Rastbüchlein 1558, S. 151: „Wir Volnarius von Pirimini Sabera Scharnia
schala ..... ein Land in Schlampampen, Schlauraffenland, und
im Königreich Narragonien, da das Edel geschlecht, die Fantasten
wachsen" etc.

44. Ueber die Ausgaben s. Uhl. 3, 335, Anm. 251. Gödeke Grundriss S. 420, Nr. 2, sowie Elf Bücher Deutscher Dichtung 1849, 1, 144, 72.
Maltzahn: Deutscher Bücherschatz S. 202 (Nr. 1229 „ganz unbekannte
Ausgabe"), Weller: Annalen 2, 385. Sogar eine Dänische Uebersetzung
ist von ihm vorhanden. Das auf der Berliner Universitäts-Bibl. befind-
liche Exemplar der deutschen Ausg. (o. O. u. J.) aus der Bibl. der
Br. Grimm enthält nebst dem Hans Guck in die Welt auch: En ret
latterlig Historie, om den drabelige og vidt berejste Ridder, Hr. Poly-
karp af Kyrialissa, med Tilnavn Finkerridderen etc. Kjobenhavn,
o. J. 10 Bl. Die Verse am Ende, die den F. als Tournirenden, Fäh-
drich und Postboten feiern, fehlen in der Uebersetzung. Aufs Neue
gedruckt ist er in Reichards Bibliothek der Romane 16, 63 ff. und in
Simrocks Deutschen Volksbüchern Nr. 39 (Band 7). Die Vermuthung
der Br. Grimm (K II M 3, 240, s. auch den Brief von Meuselbachs Germ.
13, 504), dass Fischart vielleicht an der Geschichte vom F. mit-
gearbeitet habe, widerlegt W. Wackernagel in seiner Schrift über
Fischart (Basel 1870) S. 96 f. Anm. 202. Für eine grössere Popularität,
als Gödeke sie dem Buche von F. zugesteht, sprechen nicht nur die
Menge der Ausgaben, sondern neben einem Sprichwort bei Wander
1, 1026: „Wer dich aus dem Finkenritter fragt, dem antworte aus
Eulenspiegels Vorrede" auch die in den genannten literargeschicht-
lichen Werken angeführten Citate und das von Birlinger Germ. 1871,
S. 84 beigebrachte Zeugniss, dem noch ein weiteres hinzuzufügen ist
aus dem „Wissbadisch Wisenbrünnlein" etc. 1610, S. 36 f. Zwei
streiten sich, „ein Mann und ein Männlein", „biss endlich nach lang-
würiger gehalter Disputation der kurtze Finckenritter also an-
gefangen: Wolan, komm her du grosser Thurnträger" etc. Mit seiner
Rede erringt er den Sieg und „allen Dockenmännlein" Ehre. Direct
an Züge aus dem Finkenritter lehnen sich sowohl das Lügenmärchen
an, welches Peter 2, 207 aus Weidenau mittheilt, als auch das Lied
bei Rochholz S. 197 f. Nr. 279: „Do chumm i zu enere Chille, isch
innen und ussä zwille etc." Was das Wort Finkenritter angeht, so
scheint es erst durch das Volksbuch in die Literatur eingeführt
zu sein. Vor ihm ist es nirgends belegt. Auch über die Entstehung des Wortes und seiner Bedeutung finde ich nichts. Jedenfalls hat man es mit der studentischen Bezeichnung Finke zusammen
zu bringen, für Einen, der keiner Verbindung angehört, der sich
nicht paukt, einen Muthlosen. Wie das Wort aber zu dieser Bedeutung kommt, ist auch nicht erklärt. Denn das Citat bei Sanders

1, 448 aus Vollmanns burschikosem Wörterb.: „weil diese Leute meist
wie eingebauerte Finken in ihren Körben sind" wird man ja kaum
als Erklärung ansehen wollen. Die Vermuthung Liebrechts über
Fink und Gimpel Germ. 21, 79 kann man auch nicht dazu benutzen.
Vielleicht lässt sich eine Erklärung gewinnen durch Heranziehung
der Bedeutung von Fink in der Schweiz: finka ist nach Tobler:
Appenzell. Sprachschatz S. 192 der grobe plumpe Schuh von Wolle,
Finckle = Calcei lintei, Socculi (aus Maaler: Die Teutsch sprach, Ti-
guri 1561), und nach Rochholz alemann. Kinderlied S. 309 sind Finken
im Alemann. Schuhe aus farbigen Tuchenden. Vielleicht dass man
sich unter den Trägern solcher Schuhe oder Socken feige, des Helden-
thums baare Leute vorstellte und sie kurzweg Finken, Finkenritter
nannte, wie die Zimmerische Cronik auch von Jupenrittern (die Jupe
als Kleidungsstück den Bauern zukommend) in diesem Sinne redet.
Aehnlich wird ein Lautenschläger „wegen seines Lautenschlagens
trefflichkeit zu Rom Lautenritter genennet" Lustiger Democritus, d. i.
auserlesene Fragen etc. Cölln 1650, 12, S. 76.

 45. Uhland 3, 233. Vgl. auch Gerv. 2⁵, 510 ff. Vilmar: Gesch.
der deutschen Nationallit. 19. Aufl. 1879, S. 274. (Görres: die deutschen
Volksbücher S. 179 ff.

 46. II. Kurz: Gesch. der deutschen Literatur 2, 149ᵇ.

 47. Gödeke: Elf Bücher deutscher Dichtung 1, 148, 3.

 48. Bobertag: Gesch. des Romans in Deutschland, Band 1 (1876)
S. 192.

 49. Vgl. hierzu Abr. a. S. Clara 14, 352 f. (Etw. f. Alle) (citirt
im Recueil 9. u. 10. Hund. S. 101, Nr. 196): „Die Poeten fabuliren, dass
einsmals der unwillige Mars einem frommen und unschuldigen Menschen aus angebohrner Furie den Kopf auf einen Streich habe abge-
hauet, welches dem Gott Jovi sehr missfallen, darum dem Vulcano
befohlen, er solte ihm den Kopf wiederaufsetzen, aber der plumpe
Geselle aus Unachtsamkeit hat den Kopf verkehret hinter sich aufge-
setzet". Diesen Fehler habe Vulcan „nicht gar verzweifelt" gefunden, „denn dieser Mensch kann anietzo einen Seiler abgeben, weil
diese Leute ohne das allezeit müssen zurücke gehen". Vgl. die Erzählung Hans Clauerts oben S. 9 und die des Blinden im Wendischen
Märchen bei Haupt 2, 269. In Sam. Gerlachs Nova Gnomotheka 1681,
Lib. I, S. 136, Nr. 585 trifft der Henker einen zum Tode verurtheilten
beim Kegelschieben und haut ihm den Kopf ab, wie er eben nach
einer Kugel greift. Der Enthauptete bekommt statt dieser seinen Kopf
in die Hand, wirft damit 4 Kegel um, ruft „Ich habs gewonnen" und
stirbt nun erst. Ein Kinderlied im Wunderhorn 2, 79 lautet: „Ich
möcht vor tausend Thaler nicht, dass mir der Kopf ab wär, Da spräng
ich mit dem Rumpf herum, Und wisst nicht, wo ich wär, Die Leut
schrien all und blieben stehen: Ei guck mal den! Ei guck mal den!"
Hierher gehört auch, was Vincentius (Heinr. Julius Schauspiele hg. v.

Holland S. 539, vgl. auch S. 902) von dem Eichhorn erzählt, das nach
Verlust seines Kopfes den Hund gebissen, vgl. auch das Lügenlied
im Lieders. V. 82 f., wo ein hauptloser Hofwart (Haushund) sieben
Wachteln auseinander stört. Dasselbe Motiv benützt Gaudy: Venetian.
Novellen 1. Nov. (bei Reclam S. 22).

50. Geschichtkl. Cap. 3 (Kloster 8, 62): „Wo wer der Bauer von
Saltzburg so ein kleines gross Hänsslein worden", Cap. 4 (S. 95):
„Buudte Bundschuh einerley farb" (vgl. W. Grimm: Konrads gold.
Schmiede XXIX, 17 ff. Walther v. d. V. 24, 26). Ackermann von
Böheim (hg. v. Knieschock, Prag 1877) S. 55, 17: „ein altter greiser junge-
ling", Keller Fastnachtsp. 3, 1450 Nr. 33: „Jung alter greiss", Mayn-
hincklers Sack etc. 1612 (s. Zeitschr. f. d. A. 21, 451 f.) Nr. 66 (II): „ein
alter junger Gesell".

51. KHM Nr. 138 und 3, 220. Münsterische Gesch., Sagen
und Legenden, Münster 1825, S. 232 f., vgl. auch S. 235, sowie die
Kinderlieder im Wunderhorn 2, S. 53 und 23. Mündlich: „Eine Kirche
ohne Dach, Ein Teich ohne Damm, Ein Thurm ohne Geläute, das ist
das Wahrzeichen von Weide". Die sonderbare Schiffahrt findet sich
auch im Dithmars. Lügenliede V. 21—25, bei Uhl. Nr 240 B, Str. 2
(= 240 A, Str. 5), Nr. 241, Str. 6. 7, bei Büsching u. v. d. Hagen Nr 107,
Str. 3.

52. „Ein Schweinerner Kalbsbraten von einer geräucherten Gans,
die am Bratspiess ihren Geist aufgegeben" wird auch unter den
„Raritäten etc." im Recueil etc. Nr 3 des 24. Hunderts, 1721, S. 12
angeführt.

53. Mancherley Historien oder Zeitverkürzer Ausgb. 1675. 12,
B₂, Kurtzweil. Brieff von Hanss Knapsack: „da begegneten mir unter-
wegens zween grosse Wölffe: sie kamen auff mich zu, da hieb ich
dem einen ein Stück vom Ohr, dass ihm der Schwanz blutete etc"
(ebenso in: Der lust. Heerpaucker o. O. u. J. S. 70 f.).

54. Das Lied bei Uhl. Nr. 241 kommt in Str. 3—5 und 15 der
Erzählung des Finkenritters vom Lahmen, Blinden und Stummen in
Bezug auf Ausführlichkeit am nächsten. Im Dithmars. Lied, bei Vieth
S. 111, V. 11 ff. gesellt sich noch ein Tauber zu ihnen. In Gemeinschaft treten sie auch im Liede von 1612, bei Haupt 2, 560, V. 32 ff.,
auf sowie in der Stelle in „De generib." etc. 1565, A 12: „da rafften
die Nacketen die Busen voll Steine, da lachten die Todten, da sahen
die Blinden zu, da schrien die Stummen mit lauter Stimme." In
den früheren Lügenstücken erscheinen sie, ausser im Wachtelmaere
V. 146—156, das auch sonst mehr Zusammenhängendes hat, als die
anderen, einzeln, so in dem bei Lassberg v. 90 ff.: „Ein stumb mocht
nit verswigen, Das der babst wart begraben, Ich sach einen siechen
laben Mit herten mul straichen"; Kolm. Hs. 142 (bei Bartsch S. 518),
V. 12: „ir siehen sprungen über mer, taz waren lam siechen"; im
Windbeutel (bei Keller 492, 20 f.): „Das hat ein plinter offt gesehen,

Das saget mir ein stum fur war.« In Kellers Fastnachtsp. 3, 1200 ff.
heisst es: „Und des gehörs von einem tauben Und der eym stummen
ab künnt rauben Vierhundert wol gesprochner wort Die man het dot
von im gehort", in der Geschichtkl. Cap. 3 (Klost. 5, 61): „deren
Hercules für Flöh zwölff Schilling in ein nackenden Busen schob."
Wer ins Schlaraffenland will, der soll (Haupt 2, 565, V. 163 ff.) einen
Blinden fragen oder einen Stummen, „der ist auch gut darzu, thut
ihm nicht unrecht sagen," vgl. Pöschel S. 39. Er. Francisci erzählt
im zweiten Theil seiner „Lust. Schaubühne vielerhand Curiositäten,
Nürnb. 1671", S. 675 von einem Blinden in Agrigent der „grossen
Herren auf der Jagt den Weg gewiesen, und alle Gräben, Bäche und
die Stände des Wildes besser gewust, denn die sehende Jäger",
ebenso Casp. Blanckardus: Neuer histor. Lustgarten, Nürnb. 1701,
12, S. 15 ff. [aus Antonius Panormitanus lib. 3. de dictis et factis Regis
Alphonsi sect. 23] und Philander: Zeitverkürzer 1702, S. 428 ff. Nr. 630.
Der Blinde als Wegweiser kommt auch sprüchwörtlich vor, s.
Wander I, 401, 9; 401, 19; 402, 50; 403, 63; 404, 89. 90. 92, während
andere vom Entkleiden des Nackenden handeln, III, 854 u. d. W.
Nackender 2. 4 und 856, 6. 7. 16. Bei Höfer: Wie das Volk spricht,
Stuttg. 1855, S. 9 steht: „Nu will'n wi sehn, segt de Blind, wo de
Lahm danzen kann!" Der Hasenfang der drei Gesellen kommt ausser
im siebenbürg. Märchen (bei Haltrich S. 268) auch im Volkslied vom
Schlaraffenland bei Peter: Volksthümliches aus Oesterreichisch-
Schlesien, Band 1, 1865, S. 74 vor, vgl. Pöschel S. 39 f., sowie in
einem Räthsel in Simrocks Deutschem Räthselbuch (deutsche Volksbb.
Band 7) S. 305, Nr. 170. Vgl. endlich noch das Aargauer Lied bei
Rochholz S. 264 („Es fahrt Müllistei etc.") und bei Busch S. 178. —
Abrah. a. St. Clara 10, 605 f. (Hui u. Pfui a. E.) erzählt eine „Fabel"
oder Allegorie von einem Stummen, Blinden, Handlosen Harfnisten
und Krummen, und Harsdörfer: Lust- und lehrreiche Geschichte,
Frankf. 1651, 2. Hundert, S. 207 f. ein Räthsel von ihnen, welches
allegorisch gedeutet wird.

55. S. Uhl. 3, 232 f. 292, Anm. 31. 336, Anm. 261.

56. Vgl. Büchmann: Geflügelte Worte 1877, S. 75. Wander unter
Messer III, 645, 119. Im komischen Recept v. J. 1443, Germ. 8, 64 heisst
es: „trinch wein aus einem lären pecher, der keinen poden nicht hat.«

57. S. Uhl. 2, 233. Der Schwank im Ambraser Liederb. Nr. 235:
„Ein dorff in einem bawren sass«, findet sich auch mit wenig Ab-
weichungen auf einem flieg. Bl., etwa vom Jahre 1530: „Ein newes
Lied, das hinder herfür kert", abgedruckt bei Boehme unter Nr. 277b.
Eyring 1, 580: In Summa sind all ding verkert
    Gleich wie der Meyer Meyd und Knecht
    Auffweckt und lehrt Haussbalten recht
    Wie man solches gedicht nim war
    Find in ein besondern Exemplar.

Auch Burkard Waldis wendet im Aesopus einmal (1, 91, 93) diese Art der Verdrehung an: (mancher thut gross und sagt er „Könn bawen, hawen, schnitzen, giessen) Könn Büchsen leuten, Glocken schiessen", vgl. die Anm. bei Kurz 2, 75. Zu N. 233 u. 234 des Ambr. Ldb. vgl. die alemannischen Stücke bei Rochh. S. 43, Nr. 81 und 82, sowie die „Schneidergant" S. 45 f. Nr. 88. Auch die Lieder in den „Münster. Gesch." etc. 1825 S. 252 (Verkehrte Welt) und Heinr. Prühle: Weltl. u. geistl. Volkslieder etc., Aschersl. 1845, S. 161 f., das letztere auch bei Hub 2, 325 sind hier anzuführen. Im Eingang des Briefes im „Ersten Theyl Katzipori 1558", Zijij heisst es: „Gott geb dir ein guten morgen zu nacht umb Vesper zeyt, wann du auffstehest, wann du bestoben, das ist bezech gewesen bist".

58. S. J. A. L. Wagner: Quelle jugendlicher Freuden od. 330 Spiele Leipz. 1833, S. 337. Das dort angeführte Boispiel (Vorigen Handschuh verlor ich meinen Herbst etc.) findet sich auch alemannisch bei Rochholz S. 42, Nr. 80.

59. S. v. d. Hagens Narrenbuch S. 137. Seitenstücke dazu im „Kurtzweil. Zeitvertreiber" ete v. C. A. M. v. W. 1666 (fälschlich Simon Dach zugeschrieben) S. 475 f., wo ein Diener ausrichtet: „Herr Kapaun, mein Vater schickt euch einen Superindenton ete." und: „Mein Abend schickt mich her, läst euch guten Herrn sagen, läst leben, wie er fragt, wann er einkehrt, so wil er vorübergehn".

60. Reinmar MS 2, 206ᵃ: „Ein hase zwene winde zoch." Marner MS 2, 245ᵃ: „Ein hase zwene winde vieuk." Wiener Hs. bei Haupt 2, 560, V.95: „er linget, er sache üf einem wasen striten einen wilden hasen". Uhl. 241, str. 9: „der has der jagt den jäger mit sein hunden". Von Hans Sachs rührt ein Schwank her: „Die Hasen fangen und braten den Jäger" 1550, Keller 5, 159 ff. abgedruckt in Scheible's Schaltjahr 1, 408 ff. Eyring 1, 501: „sie wollen mit Hasen Hunde fangen," s. auch 1, 579 f. Vgl. Wander 11, 375, 199: „Der Hase würde eher den Hund fangen". — In den Fastnachtsp. 1, 94, 13 heisst es:
„Ich hab vier gens gesehen doch,
Das die prieten einen Koch."
Ebenda 1, 93, 20: „Ich sach, das ein frosch ein storch verschlant",
1, 299, 2: „Und wenn ein frosch ein storgen verschlickt" —
ferner 1, 298, 17: „Wenn der fuchs wirt fliehen das huu
Und wenn der hund den hasen fleucht" .....
1, 299, 4: „Und wenn die gans ein wolf wirt jagen" .....
Keller: Alte gute Schwänke 1876, S. 17, 4: „und ob sich ein wolff ainer genss mag erweren" .. 32, 1: „Wer ain bock zu aim gertner setzt und schaf und genss an wolff hetzt" ...

61. Vgl. De fide concubinarum etc. (1501) Ausg. v. 1565, G. 9: „zwischen Pfingsten und Esslingen, da der Weg uber die weiden hangt." Dicteria Grilli etc. (1540) Wolfsmon: „zwischen loch und pruchhausen,

bei übern kitzig, da der weg uber die weyden hangt". Im Lilgen-
märchen aus Weidenau, welches mehrfach an den Finkenritter ge-
mahnt, bei Peter 2, 207: „wu dr Sack fl Wassr laant, wu de Fetze
iiwr dr Waide hängt". In Sachsen die Redensart: „In Tripstrille
(vgl. Keller Fastnachtsp. 1, 303, 8), wo die Pfütze über die Weide
hängt" (Busch S. 39 und 114). und in der Schweiz: „Anno Schnu bi
dem grosse Nilni, wo de Bach über de Haag ie glampet ist" (Wander 2, 1692, 622).

62. De generib. ebr. etc. A 12: „Da brent die Bach, da bullen die
Bauren, da lioffen die Hund mit Spiessen". Fischart: Binenk. 200: „zur
zeit, da die bach branten und mit stroh leschten, die bauren bollen,
die hund mit spissen heraussloffen, nemlich zur zeit des strengen
Finkenritters" (Goed. Grundr. S. 420 f.). Zauberspruch der Cyrilla
im 4. Aufzug des Horribilicribrifax (Andr. Gryphius Schauspiele hg.
v. Palm 1878, S. 141): „Das sagen die sieben Siegel, dass alle fische
werden brüllen, die engel werden weinen und werffen sich mit stei-
nen, die wege werde schwimmen, die wasser werden glimmen, die
grässlein werden zannen (klaffen, sich aufthun) und alle hoche tan-
nen". Preuss. Sprichwort (Busch S. 133): „Es geschah im Jahre eins
(anno Dazumal) wo die Elbe brannte und die Bauern mit Stroh-
wischen löschen kamen".

63. Hier möge an den Ausruf Bambergers in der Reichstags-
verhandlung über die Samoa-Vorlage erinnert sein: „Wenn wir die
Vorlege ablehnen, kräht kein Hund und keine Katze danach!"

64. S. Wander 3, 1325, 30—32. 1324, 26. Vgl. auch u. d. W. Nim-
merleinstag 3, 1034 f. Hinzuzufügen ist noch: „Zwischen pfingsten
und Nuerenberg" Germ. 8, 64, und eine ähnliche Verwechslung von
Zeit und Raum im Alem. bei Rochholz S. 15, Nr. 88 (zwische Pfeiste
und Brämgarte); aus der Fastnachtspredigt vom Dr. Schwarmen etc.
die Stelle: „die Wort die ich ewer Lieb in Latein gesprochen, die
habe ich zwischen Schlampampen, Ostern und Pfingsten von einem
dürren Zaun gebrochen". S. Kellers Anm. zu Hans Sachs 5, 290, 22.
Aehnliche Zeitbestimmungen: Haupts Zeitschr. 15, 511: „des jarstags
da man zahlt nach Eggen Geburt III weil von pfingsten an dem
nechsten tag nach Rugerstag des totengrabers". Anfang von Fischarts
Practick (Kl. 8, 555). „Als man das Jahr zeichnet mit einem gelegten
Kessel" etc. vgl. Cap. 2 bei Rabelais (Kurz: Fischarts Dichtgn. 3, 430),
Str. 11:

Mais l'an viendra, si qui d'ung arc turquoys,
De cinq fuscaulx, et troys culz de marmite.

Rastbüchlein 1558, S. 153: „Nachdem wir inn verschinen Jaren, nemlich
der rinder zagel, Tausent fünffhundert Bratwürst vnnd acht vnd fünff-
zig pfund Sauermilch, die man sonst Putter vnd Dumpelmilch heisst,
etliche madatet vnd verbott . . . . . aussgeschriben."

65. S. Rochholz S. 45. Noch im 18. Jh., in Stranitzkys Reise-

beschreibung S. E und E, erhält Wurstl auf seine Frage nach dem Weg nach Steiermark so ungereimte Antworten, dass er „heimlich aus der Haut möchte springen". Vgl. des Hans Sachs Schwank vom „ungehöret pawer", bei Keller 5, 132 ff. Aehnlich in Blanckardus histor. Lustgarten 170, S. 307 f. und J. P. Waltmann: Der erfahr. Pickelhäring 1733, S. 172 f.

66. Auf der 4. Tagereise will sich der Finkenritter aus warmen Wasser einen Winterrock machen lassen. Vgl. das Spinnen von Seide aus Braten, Wachtelmaere V. 191. Vridank 126, 5: „Nieman kan gemachen von baste scharlachen". Auch die Priameln, welche M. Rodler Germ. 3, 371 ff. mittheilt, enthalten ähnliche Dinge.

67. Vgl. Bojardo: Verl. Roland 1, 9, 75, 8:
    „wilt du nicht gehen
    Und nach dem Lärm den wir dort hören, schen?"
wie Shakespeare's Zettel hinausgeht, „um ein Geräusch zu sehen, das er gehört hat" (Regis S. 338).

68. S. z. B. Haupts Zeitschr. 1, 251; Mone's Anzeiger 1, 212; Liederbuch der Clara Hätzlerin hg. v. Haltaus S. 201, Nr. 42: „Ain abenteurliche rede und vellt von ainem zu dem andern", vgl. S. XXIII.

69. Werner: Quelle jugendl. Freuden etc. S. 341. Es ist das alte Spiel: Reim dich Bundschuh.

70. Dass der Finkenr. alle seine Erlebnisse vor seiner Geburt durchmacht, dritthalbhundert Jahr vor dieser „manches Königreich und Landschaft weit and breit durchzieht und besicht", ist ebenfalls ein schon vor ihm verwertheter Zug, s. das Lügengedicht im Liedersaal V. 24 f., darnach auch in dem Lied des Frankf. Liederb. Nr. 141 Str. 1, vgl. Uhl. 3, 227. Die Beschreibung, welche der Finkr. von der Art seiner Geburt giebt, kehrt ähnlich auch im 9. Cap. der Geschklitt. wieder (Kl. 8, 486 f.), sowie in Schelmuffsky's Reisebeschreibung (s. Maltzahn's Bücherschatz S. 365, Petzholdt's Anzeiger f. Bibliographie 1853, S. 268. 270, Göd. Grundr. S. 512.), in letzterer nur unangenehmer und widriger. Das Buch von Schelmuffsky bietet im Uebrigen nichts, was hier heranzuziehen wäre. — Wenn der Finkenr. auf einem Windschiff herniederfährt (vgl. Dithmars. Lied Str. 5), so kommt schon in Lucian's wahren Geschichten ein Schiff vor, das vom Winde auf den Mond getragen (1. Buch) oder über einen Wald getrieben wird (2. Buch).

71. Müllenhoff: Sagen, Märchen etc. S. XVIII. — Als ältestes Zeugniss hierfür wie für die Lust an Unsinn und Narrentheidung überhaupt kann gelten, was Priscus Panites v. J. 448 vom Hofe des Attila berichtet (C. Müller: fragm. hist. graec. 4, 92ᵇ = Hist. Graeci minores ed. Dindorf, Lips. 1870, Vol. I, p. 317): μετὰ δὲ τὰ ᾄσματα Σκύθης τις παρελθὼν φρενοβλαβής, ἀλλόκοτα καὶ παράσημα καὶ οὐδὲν ὑγιὲς φθεγγόμενος, ἐς γέλωτα πάντας παρασκεύασε παρελθεῖν.

72. S. Uhl. 3, 230 und n.Am. 212.

73. Hans Sachs hg. v. Keller 9, 469, 9.

74. Goethe: Maximen u. Refl. 1.

75. Uhl. 3, 237.

76. Hippel: Ueber die Ehe 2: „Ein Hülfsmittel zum Erfinden ist, das Gegentheil von dem versuchen, was allgemein gelehrt und gelernt wird". — Vgl. für das Folg. Friedr. Wilh. Val. Schmidt: Beitr. zur Gesch. der romant. Poesie 1818, S. VI; Gerv. 2⁵, 530; Busch S. 178.

77. Ulenspiegel hg. v. Lappenberg S. 32. Hans Sachs bei Keller 5, 297, 1:

> Auch mancherloy man fahet an,
> Wer sich der nerrischt stellen kann,
> Der ist der best und hat den preiss
> Von wegen nerrischer abweiss.

Vgl. damit Zimm. Chr. 3, 463. Wie dort das Gesinde, so entwerfen auch die Räthe des Königs Kyklopocol im 36. Cap. der Geschichtkl. allerhand seltsame Pläne. Vgl. auch Hans Sachs hg. v. Keller 9, 502, 28; 503, 25. Im Hirnschleifer von Aegid. Albertinus 1618 S. 77 wird von Phantasten gesagt: „ihr Kopff ist gleichsam voller Vogelnester, haben wunderbarliche und seltzame opiniones, sie schiffen auss dem hohen Gebirg in die Wolken, und traben bissweilen auff den Meerwellen, auff einem starken Kürisspferdt herumb, oder bawen hohe Schlösser in Lufft etc". Rabelais versinnlicht das kindische Treiben des Garg. durch Sprichwörter, die meist den Sinn haben: etwas Vergebliches thun, eine Sache verkehrt anfangen, s. 1, 11; 4, 32; 5, 22 und die Anm. bei Regis 2, 59. 661. 854.

78. Fastnachtsp. 1, 82, 18.

79. Ambraser Ldb. Nr 140, a. E: „Es ist allweg gewesen sitt, das man gern hört new mär von alten dingen".

80. Bezeichnend ist, dass, wie A. Manzoni: Promessi Sposi 1, 11 bemerkt, das gemeine Volk in der Gegend von Mailand zu seiner Zeit unter einem Poeten nicht einen Zögling der Musen verstand, sondern einen grillenhaften, wunderlichen Kopf, der in Worten und Handlungen nicht grade vernünftig erscheint. — In dem Buche: Peregrination oder Reyse-Spiegel aus Auangkylomitens etc. Französischem übers. von Urban Politico Leipz. 1631, wird S. 37 erzählt: „Als er gefragt wurde, wie ihme eine Mistgabel gewahnte, sprach er, wie ein Thurm mit drey spitzen, hette das contrarium weit suchen sollen unnd sagen: Eine Mistgabel gemahne ihm wie ein Ofenloch, aber damit gab er an Tag, dass er noch nicht so witzig were, als unsere Teutschen Kinder von 7 Jahren, die in diesem Spiel das Contrarium fein weit suchen können".

81. Vgl. Eschenburg: Denkm. altd. Dichtkunst 1799, Priamel S. 401 (Nr. XIV): „secht wo der vater fürcht't das kind" . . , ebenso

in Kellers Fastnachtsp. 3, 1369, Nr. 27; Nr. 26: „eecht wo der son für den vater got", s. auch 1167, 185. 1439, 68. 1435, 25. 1104, 82. 83.

82. Germ. 8, 64. Vgl. Haupts Zeitschr. 15, 511: „II lot frawen gedenk", Fastnachtsp. 3, 1199, 3. Zeile v. u. „vier lot iunger mait gedancken"; 3, 1200 „lieb im frawen haws gesamelt".

83. Vgl. darüber Uhland in der Germ. (1836) 1, 328 f., in den Schriften 3, 225 nud die Aum. 218 S. 327, und Massmanns Bemerkungen zu den betr. Stellen in den Denkmälern. Liedersaal V.110 f.

> ain krebs blies ain jaghorn,
> das ez in aller welt erschall,

geht vielleicht auf Roland's gewaltiges Stossen in sein Horn bei Ronceval (Turpin C. 20), mit welchem Dante Inf. 31, 16 den Schall des Horns beim Eintritt in den 9. Höllenkreis vergleicht:

> Dopo la dolorosa rotta, quando
> Carlo magno perdè la santa gesta,
> Non sonò si terribilmente Orlando.

Zu Wachtelmaere V. 14, wo die Mutter eines Essigkrugs Otte heisst, und die V. 15 f. im Liede „Von den Russin Leuten" (bei Keller 488) „ir vatter hiess berchte Und ir mutter otte" vgl. Birlinger: Volksthümliches aus Schwaben, 1861, 1, 250 Nr. 394 (vom Umgehen des „Bercht", der den beliebtesten Kinderschrecken bildet), und 2, 3, Nr. 4. Auf die Nibelungensage beziehen sich entschieden Suchenw. V. 49: Eine bleierne Tuchscheere Pawt zu Etzelburg den sal, und V. 76: Zu Rewssen auf dem Tulner velt Sind vil der slizzen pawrn. — V. 66: Ich freu mich, daz ich tummer Sol fliegen hin gen Josaphat (2. Cron. 20, 22. 26; vgl. Harsdörffer: Lust u. lehrreiche Gesch. 1651, 2. Hund. S. 356 f. über das Thal Josaphat als Gottes Richterstuhl), wie auch Haupt 2, 260, 18: „er lüge ô daz ein stiege in den himel reihte", sind als Anspielungen auf die Bibel und Windbeutel bei Keller 493, 17:

> Die dewfel, alz ich han vernumen,
> Sint wider all gen himel kumen,
> Und hant die engel aussgetrieben
> Und sint sie selber doryn pliben,

als eine solche auf religiöse Vorstellungen hervorzuheben. Ebenda 491, 14:

> All die stet pis her vom Rein
> Di sint ein frosch all sins hafft worn

und Kohn. Hs. Nr. 77 V. 29 f. (Ein schwarzer Hund und eine weisse Krähe baten mich) „daz ich in hundert guldin Ilhe ûf ireu zol am Rine" vgl. mit dem Lied: „hett ich ein Keyserthumb, dazu den zoll am Rheiu und wer Venedig mein, so wer es alles verlohren, es müsst verschlemmet sein" in Joh. Sommers Ethogr. Mundi 1. Theil, 8. Regel (Ausg. v. 1659 S. 55).

84. Eigenthümlich ist es, dass die Aussetzungen, welche Gödeke, Kurz und Gervinus am Finkenritter machen, ein Seitenstück finden in dem Urtheil Dunlop's (Gesch. der Prosadichtungen, übers. v. Lieb-

recht 1851, S. 418) über Lucians Werkchen: „In dieser Satyre Lucians ist die Satyre zu augenfällig und übertrieben. Sie besteht aus einer Masse von Wunderdingen, die ohne Ordnung oder Einheit zusammengeworfen sind und denen es auch an dem allergeringsten Scheine von Wahrscheinlichkeit fehlt". — Die Gattung der wirklichen Reisebeschreibungen des Mittelalters, welche dem Haug der menschlichen Natur zum Wunderbaren gerecht werden, wird übrigens nur in der Bemerkung des Finkenritters gestreift oder, wenn man will, persiflirt, dass in Arabien die Schafe auf den Bäumen wachsen „dannenhero dieselbe Wolle Baumwolle genannt wird", und dass die „Papageyen oder Sitticus gute Arabische Sprachen reden, auch Lautenstern schneiden und Lieder dichten können", zwei Züge, welche der Verfasser des Volksbuches der Reisebeschreibung des Johannis de Montevilla entlehnt zu haben scheint (übers. v. Otto v. Diemeringen, Cölln 1600, S. 213: in Backaria gebe es Bäume „darauf Wollen wächst" etc. und S. 217: der Sitticus in Indien „kann reden wie ein Mensch, gibt auch Rede und Antwort, welcherley Sprach er gelehrt wird", vgl. S. 225 f.). Wenn es auch a. A. des Finkr. heisst, er habe „manches Königreich und Landschaft weit und breit durchzogen und sie beschen", so stellt ihn doch das in den Tagereisen Berichtete der Gattung der Lügenmärchen i. eig. S. weit näher als der der allerdings auch lügenhaften Voyages imaginaires. Die Tagereisen sind lediglich das Vehikel für allerhand Lügen. Ueber dergleichen Dinge handelt neben den vielen Reisebeschreibungen u. dgl., die schon in Rab. Garg. 2, 4 und 5, 30 persiflirt sind, wohl auch ein Buch, welches den Titel führt: Mich. Maieri Compendium miraculorum, d. i. kurtze Beschreibung unterschiedlicher Wunderwercken und Geschichten: Insonderheit der Gänse, so in den oreadischen Inseln auff Bäumen wachsen etc. Aus Latein. versetzt durch M. Geo. Beatum. Frankf. (Heidelb.) 1620, 4.

85. Vgl. Zimm. Chr. 4, 319, 17: „buren in ainer juppen"; darnach der Ausdruck „Juppenritter" 3, 200, 20 u. ö.

86. Vgl. zu dieser Oertlichkeitsangabe Uhl. 3, 335, Anm. 251.

87. Zimm. Chr. 3, 200; vgl. 4, 3.

88. Wie der Finkenritter reitet Hans in Pröhles Märchen f. Kinder Nr. 13, vgl. KHM 3, 189 zu Nr. 108. Schon Reinmar v. Zweter HMS 2, 206ª erzählt: „ich kwam geriten in ein lant uf einer gense". Geschichtkl. Cap. 15 (Kloster 8, 217): „wolten ir lieber ein Gans reuten?"

89. Zu den in den Anm. schon angefürten Volksliedern etc., welche ähnliche Dinge enthalten, wie die mittelalterlichen Lügenstücke, sei noch hinzugefügt, dass ich einmal Gelegenheit hatte, von einem Manne des Erzgebirges eine „grosse Lüge" zu hören. Er begann: „Ich las heute in der Zeitung: ein alter Kurierstiefel ritt auf einem Stück ungesalzener Butter in den siebenjährigen Krieg" u. s. f. in hastender, überstürzender Weise, mit dem offenbaren Bestreben, mit jedem Satze et-

was Tolleres zu bringen, bis er mit einer Unfllätherei den letzten
Trumpf ausspielte.

90. Abraham a. S. Cl. 9, 237 (Bescheid.-Essen). — Ganz im Geiste
der Lügenstlicke ist auch das satirische Gedicht Cl. Brentano's vom
Schlaraffenland gehalten (Gesch. u. Ursprung des ersten Bärenhäu-
ters etc. s. Hub: Kom. u. humorist. Dichtung (1855) 2, 688 ff., auch
im Schaltjahr 2, 111 ff.). Dieses Gedicht bietet wie fast jede Seite
in Glasbrenners „Verkehrter Welt" (Berlin 1873, 6. Aufl.) eine Menge
Einzelheiten, die schon in jenen vorgebildet sind. — Nicht unerwähnt
bleibe, dass schon im 9. Jahrh. Walafrid Strabo in einem lateinischen
Gedichte eine Art verkehrer Welt, vielleicht nach lateinischen Mu-
stern, darstellte, s. Uhland 3, 215. 319, Anm. 170. Ein lat. Gedicht,
welches Mone als „Verkehrte Welt" im Anzeiger (1839) 8, 598 abdruckte, ist wieder anderer Art, wie auch im Liederbuch der Hätzlerin Nr 42 (bei Haltaus S. 201). Endlich sei noch genannt: Hans
Sachs: Die verkert Tischzucht, Schwank vom 16. Juni 1563 (im 3. Theil
des 4. Buchs, Nürnb. 1579, Bl. 95b f.).

91. In: The Academy Vol. III (1872) p. 233a f.

92. Die Garten Geselschafft. Das auder Theil des Rollwagens etc.
durch Jacobum Freyen Stattschreibern zu Maursmünster: Franck-
fort 1597. Vorrede A iij: „denn es ist nit wol zu vermuthen, wo
kurtzweilige Leut, vnd die gern bey einander seynd, zusamen kommen, da locket je ein Argument das ander herfür, damit die Gesell-
schafft desto mehr lustiger vnd leichtsinniger ist". ἐπεὶ μηδὲν ἀληθὲς
ἱστορεῖν εἶχον (οὐδὲν γὰρ ἐπεπόνθειν ἀξιόλογον), ἐπὶ τὸ ψεῦδος
ἐτραπόμην. Luc. ed. Bekker. II, 42, 7.

93. Abrah. a. St. Clara 11, 86 f. (Gehab dich wohl).

91. S. Wander III, Sp. 252—280.

95. Agricola: Gemeyner Delitsch Spruchworter das ander Teyl.
Eissl. 1529. bl. 60b: „Er spart der warheit". Vgl. auch Kirchhof:
Wendunmuth 1, 252: „Mancherlei art ist bei den Tentschen verdeckt
und höflich das lügen zu nennen" etc. Abrah. a. S. Cl. 9, 271 (Be-
scheidessen): „Die arge Welt streicht allen schlimmen Sachen ein
Färblein an . . Man llgt nicht mehr, sondern man vexiert nur".
Die von Kirchhof sowie von Melander: Jocoseria 3, 38 angeführten
Redensarten (vgl. Wander 3, 267, 89. 90; 261, 223; 279, 33. 48; 495, 61)
finden sich zu einem Gespräch zwischen drei Lügnern verarbeitet in:
Frische und vergüldete Haupt-Pillen d. i. 500 Schwänke etc. von
Ernst Wohlgemuth 1669, s. 131, no. 60: „Drey Grosssprecher rückten
einander umb, den anderen Gästen eine fröhliche Mahlzeit zu machen:
Gerhard sprach zu Ulrichen, wann Lügen Welsch wäre, gebstu einen
guten Dolmetschen: Ulrich zu Veiten: Du giebst wenig umb eine
Lügen zu waschen, du kunst sie selbst wol bleychen. Ja, sagte Veit,
du beissest dich selbst in die Zung; Ach sagte Ulrich, wann Lügen
Lindisch Tuch wäre, gieng niemand besser bekleidet, als du. Holla,

sagte Gerhardt, du hauest dich in die Backen. Und Veit du rauffest
den Hausknecht. Und du, antwortete Gerhardt, schiessest mit Speck:
Aber Ulrich hat eine gesunde Leber, und bohret dünne Bretter,
indeme Veit auff dem Simps tantzt. Und ihr beyde, antwortete Veit,
werfft das Beyel zu weit, könt es nimmer wiederholen, und lüget ins
Gelach, dass sich die Balcken heugen. Mendacio nil torpius."

96. Jac. Grimm im Wtb. 1, 728; s. Weigaud 1, 97; Sanders 2, 300
und 1, 991; Wander 3, 644, 95; 645, 127. 128. 131. 132; 646, 137. 117;
1, 164 unter aufschneiden. Der Redensart ist auch die bei Körte
Nr. 3914ᵇ nachgebildet: „Er isst mit dem grossen Löffel". Aus der
Form, in der sie zuerst auftritt; „einem daz mezzer bieten" Lieders. 3,
515, 78 kann man eine frühere Existenz erschliessen, ebenso aus den
Wendungen, in denen das einfache Verbum schneiden gebraucht ist,
wie „ein snîdende lüge" in Hartm. Büchl. 2, 511 und Stellen wie:
„diu wort dur sines ôren duz recht als ein mezzer hinwen" (s. Lexer
Mhd. Wtb. Sp. 2131, und Sander u. d. W. schneiden 1, 988 [10]).
Wenn Grimm unter dem grossen Messer zunächst das Weidemesser
versteht, „da bei lustigen Jägermahlen prahlerische Jagdgeschichten
vorgetragen wurden", so ist darauf hinzuweisen, dass das Weidemesser überhaupt das Messer bezeichnet, welches man stets bei sich
trug und mit dem man auch ass; vgl. Gödeke: Schwänke des 16. Jh.
S. 12, Anm. 8. Zimmer. Chron. 3, 16, 14 f. Noch jetzt bedient der gemeine
Mann beim Essen sich seines Taschenmessers. — Fischart: Wider die
Lesterungen Johann Nasen etc. V. 1565 „lügenschneider", V. 2186: „Ir
müsst die lügen bas beschrotten". In ein anderes Bild geht er über,
wenn er von der „groben Naht" der Mönchslügen spricht V. 1629 ff.

97. Zimm. Chr. hg. v. Barack 4, 128. Das Wort „cramanzen" 4,
128, 29 bedeutet nach Wtb. 2, 638 auch nugas agere, cramanzer: gestu-
osus, ostentator verborum. Zu der Stelle: „die mit eim sollichen
langen messer hab cramanzet" vgl. Joh. Sommer: Ethnogr. Mundi
1. Theil, 8. Regel (1659, S. 53): „er soll ein experfex mit dem Messer
machen, dass man habe seiner zu lachen".

98. Abgedruckt bei Scheible: Die fliegenden Blätter des 16. u.
17. Jh. Stuttg. 1850, S. 91 ff. Nr. 24.

99. „La nouvelle fabrique des excellens traits de verité par
Phil. d'Aleripe", ein Lügenbuch, dessen erste bekannte Ausgabe v. J.
1579 datirt, enthält in der modernen Ausgabe Paris 1853 S. 49
folgendes Geschichtchen „D'un homme qui se tua:" „Il advint ces
jours, jours dangereux une chose pitoyables à un panvre Villageois,
lequel au jour de la feste de sa paraisse se deliberant faire chere
à ses parens et amis, qui estoient venus le voir, print un grand pain
de mesnage de trois ou quatre boisseaux, lequel vous vint couper
avec son conteau brin tranchant en deux pieces si très-roidement,
qui luy-mesme se coupa en deux tout à travers corps. Et le con-
steau qui trop estoit puissamment tiré, alla entrer jusques au manche

dans une muraille de grez où le bon homme estoit appuyé: par ce
moyen fut la feste troublée, et ses parens et amis bien esbahis.
Toutes fois le pauvre here y perdit le plus, et oncques puis n'en parla,
ne sonna mot.   Par temperance l'homme fait,
                    Toutes ses affaires à souhait."
Deutsch in dem aus dem Französ. übers. Buche: Peregrination oder
Reysespiegel, Leipz. 1631, S. 37.

100. Lappenbergs Anm. zu Laurenb. I, 379 S. 216 ist hiernach
zu berichtigen. Die komische Steigerung der Redensart kommt übrigens noch öfter vor. In den Verm. Ged. Philanders v. d. Linde
(J. G. Meneke) Leipz. 1710 heisst es, dass vom Handschuh des Bramarbas „gantze Häuser Sich biegen, wie die Weidenreiser, Wenn er
ihn an den Nagel hängt." — Ueber die Entstehung der Redensart s. D.
Wtb. 1, 1089; vgl. auch Sp. 1814, Nr. 4, sowie die Stelle im Cod. A. 94
der ehemaligen Johanniter bibl. nach Graff Diut. 1, 316 auf Bl. 19,

        unde do bi ein gesinde,
        daz trinket also swinde
        daz sich der Becher büget.
        Za hin waz man da geluget.

Bei Wander vgl. 3, 272, 179. 189. 190. 177; 270, 150; 271, 166; 272, 181;
275, 278; 276, 294, und die Menge ähnlicher Redensarten Sp. 271—275.
Fischart: Wieder die Lesterungen Johann Nasen etc. V. 525: „und
liegen, dass die Klöster brechen."

101. Sämmtl. Werke, Passau 1835 ff., Band 10, 136 (Hui und Pfui).
2. B., S. 122 f. (Judas d. E.) führt er mehrere heilige Persönlichkeiten
an, vor denen sich die Bäume aus Ehrfurcht gebogen haben sollen,
und fügt hinzu: „Es haben sich also vor diesem die Bäume durch
ein Wunderwerk gebogen; aber jetziger Zeit lügt man also, dass sich
die Bäume durch ein Wunderwerk möchten biegen". 8, 285 (Lösch
Wien) erzählt er nach Theophilactus, der Baum, an dem sich Judas
erhängte, habe sich bis auf die Erde gebogen.

102. Dieselbe Geschichte aus den „Lügenden" erzählt Sam.
Gerlach auch in der Nova Gnomotheca 1681, 1. Buch, S. 167 f. Nr. 679.
(Vgl. Wander 3, 276, 293: lügen dass sich der Thurm zu Köln möchte
biegen, 276, 291: dass die Esse schief steht). Zu dem Worte „Lügenden" vgl. Fischart: die Gelehrten, die Verkehrten V. 719:

        Haben Tandtmären uns fürbracht
        Aus lugenten, sehr gross erdacht.

„Aus dieser in der Reformationszeit aufgekommenen spöttlichen Verdrehung oder wenn man will, Umdeutschung des Wortes „Legende"
soll der Ausdruck „Ente" für Lüge entstanden sein." Kurz in:
Fischarts Dichtungen 1, 281. Doch s. im Deutschen Wtb. 3, 509 u. d.
W. Ente 5. 6. Zu den dort angeführten Stellen noch aus Hans Sachs
hg. v. Keller 9, 251, 17: „Von plaben enten sagt sie her" sowie die Anm.

112

Kellers 5, 325, 19. Ueber die Lügen der Pfaffen sehr viele Aeusserungen in Fischarts: Wider die Lesterungen Johann Nasen, z. B. V. 1989 ff. 2186 ff. 3815 ff. 4172 ff. Vgl. damit Hans Sachs Schwank von dem Mönch Zwieffel, namentlich die Stellen (bei Keller) 9, 421, 15 ff. 424. 6 ff.

103. In der Ausg. Frankf. 1597 S. 26 b. Nach der von 1555 bei Hub S. 289 f., in Scheible's Schaltjahr 5, 65 f., in Versen bei Euch. Eyring: Copia Proverb. Eissl. 1601, 2, 58 ff. Ferner im Kurtzweil. Polyhistor von Hilar. Sempiternus, Cosmopoli 1719, S. 11 Nr. 27. G. R. v. Sinnersberg: Der Lustige Teutsche. Hall 1729, S. 190. Vgl. auch S. 169, wo ein Fürst vom Pfeifen abmahnt, wenn etwas nicht glaubhaft scheine, „dann noch viel in der Welt, das ich und du noch zu lernen haben", was auch schon in Harsdörfers Lust- und lehrreicher Gesch. 1651, 1. Hund. S. 361, 54 sich findet. Der allzeit fertige Lustigmacher o. O. 1762, S. 47, Nr 67. Abraham a St. Cl. 2, 111 f. sagt: bei den Festen, von welchen die heil. Schrift erzählt, habe man wohl allerhand musicalische Instrumente benützt, nie aber eine Pfeife. Nur ein Mal habe man eine Pfeife hinzugefügt, als Nebucadnezar den von ihm aufgerichteten „guldenen Trampl" für einen Gott ausgab; das sei eine unverschämte Lüge gewesen, zu der man mit Recht gepfiffen habe. Dass übrigens die Redensart älter ist, als die Anecdote des Rollwagens, beweist das nach J. M. Wagner im Anfang des 16. Jh. geschriebene Lügengedicht bei Haupt 16, 418, wo es V. 419 heisst: „der wirte fieng zu pfeiffen an" (zu der Lüge vom Brande der Donau). Vgl. Wander 3, 260, 205; 259, 178. Abrah. a St. Clara 13, 1, 60 steigert auch dieses Sprüchwort: „also aufschneiden, dass eine ganze Orgel soll dazu pfeifen".

104. Zu diesem Spruch, bei Keller 5, 325 gab Hans Sachs wohl die Redensart „sich versteigen" = lügen Veranlassung; sie befindet sich schon unter den von Kirchhof 1, 252 aufgeführten jedesfalls schon länger bekannten Euphemismen. Wenn aber Lehmann neben dem Sprichwort: „Mancher versteigt sich mit Lügen, das er ohne Leiter nicht kann wieder herabkommen" (s. Wander 3, 267, 76) auch die Wendung hat: „Mancher hat den Lügenberg an allen Orten durchstiegen" (Wander 3, 273 u. d. W. Lügenberg), so fällt die Entstehung derselben wohl nach Hans Sachs.

105. Jacob von Cassalis: Das buch menschlicher sitten und der ambt der edlen (s. Panzer Annalen S. 96 f.) 1477, 1. Pheil, 1. Cap. Vgl. Johann Sommer: Ethogr. Mundi 3. Theil, Vorrede: „Es ist ein altes Sprichwort: Natura hominis novitatis avida. Dess Mensch Art und Natur ist, dass er gern etwas newes lieset, siehet oder höret, damit er zum theil wisse, was auff der breiten Weltkugel fürgelauffen, zum theil auch die Zeit vertreibe, und die beide ungebetenen Gäste, Juncker Cornolium und Frawe Melancholium, von sich abweise."

106. Zimmer. Chron. 3, 494, 14.

107. Fischart: Aller Practick Grossmutter, Vorrede (Kloster 6, 552).

108. 1, 6, 14; bei Keller Band 2, 904. Vergl. Caspar Ens: Epidorpidum lib. IV. (Coloniae 1628) S. 71: Veritas raro nuda. Eorum qui e peregrinis maxime a nostro orbe longe remotis locis redeunt, Narrationes quidam mendicabulorum centonibus apte comparavit. Ut enim in his frusta varii coloris ac materiae ubique fere assuta ipsum e quo primum confectus erat centunculus, pannum totum quasi abscondunt, ita Narrationes istae tot glossis, tot Additionibus, tot commentis, ne dicam mendaciis, ita fimbriatae, sarctae ac relut lardatae sunt, ut quod verum in iis est, pars omnium sit minima.

„Also wer ist bald glaubig sunst,
Ist einfeltig, steckt vol fürwitz
In erfaren jenes und ditz,
Der wird denn etwan auch zu letzt
Von eim listigen auffgesetzt,
Daraus im spot und schamrot wachs.“
Hans Sachs 9, 505, 18. (1559).

„An allen Orten, in allen Gassen, in allen Ecken, in allen Häusern, in allen Winkeln heisst es alleweil, was gibts gutes Neues? Gleich darauf fliegen die Lügen geschwaderweis, dass man sie mit Händen kann fangen wie die Wachteln bei den Israelitern.“ Abraham 13, 1, 64 (Narrennest).

109. Marx Mangold: Marckschiff etc. 1596 (vgl. Zeitschr. f. d. A. 21, 447)

Aiij: „Betrogen seyn wil jetzt die Welt
Kauffen Lüg umb gutes Gelt.
Je feister Lüg, je besser Kauff,
Das weiss gar wol der Singer hauff.“

Ciij: „Komb ich dann etwan zu den Bawren
So seyns eins theils auch argo Lawren
Dann will ich mit jhn essen Brey,
Muss ichs gar seltzam bringen bey;
New Zeitung sagen, und so liegen,
Dass sich die Balken möchten biegen.“

„Da schickt man in die Häuser darnach, lad die Newzeitungsbrüller zu gast, Presst und Trott noch mehr Lügenhafte Umständ von ihnen“ Fisch. Practick Vorrede (Kloster 8, 552). „Wer alsdann sein Muss nicht umbsonst will essen, der muss da die Lügen, wie die Landsknecht den Sammet, mit Reyssspiessen und Klafftern aussmessen. Dann man findet Leuth, die sogar Newzeitlich sind, dass sie auch offt uber die arme Teuffel zörnen, die nicht gantze Truhen und Ballen voll Zeitung bringen, schelten sie Eselsköpff und unerfahrne Tropffen, die nicht wissen, wo es geregnet hat.“ ibid.

110. Ackermann v. Boeheim hg. v. Knieschek, Prag 1877, Cap. 17, S. 24, 9: „Alter man newe mer, gelerter man, unbekant mere, ferre gewandert man, und einer, wider den nimant reden tar, gelogen more

114

wol sagen turren, wan sie von unwissenden sachen wegen sein unstraflich." Vgl. Wander III, 259, 171; 265, S. 9. 13; 267, 88. Bebel: facetiae 3. Buch aiiij f. Welche mit einem Gewalt liigen. „Man sagt, das die alten und die Land durchzogen seind, am alleruchrsten liigen. Dann der Alt wann er von seinen zeiten sagt, kann er nit gestrafft werden, denn es hat je keiner auss den Jüngling zu seiner Zeit gelebt. Der ander leügt mit gewalt, dann er redt von den Landen, in welchen vielleicht keine zuhörer nie gewesen sein, oder nie haben hören nennen." Dasselbe in Versen in Scheibles Schaltjahr 1, 81 f. Fischart: Nachtrab V. 2397:

.Doch thun sie nicht unweisslich dran,
Dass sie so weit gelogen han,
Dann welcher solchs nit glauben will,
Zieh selbs hinein, dass er es fül.
Man lieget doch wol näher heut,
Wie solt man liegen nicht so weit?"

Kirchhof: Wendunmuth 1, 251 a. E. S. auch Wander 3, 269, 121. 123. 128. Hans Sachs bei Keller 3, 373, 30:

Wie man spricht: der reich und alt
Und landfarer lyegen mit gewalt.

111. B. Waldis Aesopus III, 29, 8 ff: (Kurz 1, 318):

Wenn einr auss frembden landen klimpt
Zu den seinen in sein heymut,
Dem helt man wol ein Lüg zu gut.
Denn wer darff straffen, da er nicht gwesen,
Hats auch selb nicht in Büchern glesen?
Drumb hat einr da eins worts wol macht.

Zincgref: Apophthegmata. 3. Theil hg. v. Joh. Leonh. Weidner, Frankf. u. Leipz. 1683. S. 193: Gelendorpius Rector. Dieser giebt einem Boten, der keine Neuigkeiten weiss, die Weisung, solche zu „erdäncken, er kriege zum wenigsten ein trunck Bier." Bei der nächsten Gelegenheit erzählt ihm denn auch der Bote einen „Fund": die Königin Elisabeth liesse etliche tausend englische Docken abrichten .... die würde man heraus senden und sie zu Feld gegen die Spanier .... gebrauchen." Durch Weitertragen dieser von ihm geglaubten Neuigkeit macht sich der Angeführte lächerlich. Auch in Philander: Zeitverkürzer 1702, S. 131 f. Nr. 159.

112. Keller: Fastnachtspiele 1, 92, 20.

113. Zimmer. Chron. 4, 109, 16. Vgl. Uhl. 3, 230. Marner: „mit lüge muoz sich viel mauiger nern."

114. Liber vagatorum (Weimar. Jahrb. 4, 92) cap. 28: „von platschierern. das sint die blinden, die vor den Kirchen auf die stül steen und schlahen die lauten und singen darzu mancherlei gesang von ferren landen, da sie nie hinkamen." Marner MS. 2, 245a: „Maniger

saget maere von Rome, die er nie gesach". Vgl. Luc. ed. Bekker 2, 41, 23: συνέγραφε ἃ μήτε αὐτὸς εἶδε μήτε ἄλλου εἰπόντος ἤκουσεν.

115. Geschichtkl. Cap. 27 (Kloster S, 354).

116. Kant: Anthropologie 1800, S. 89. Harsdörfer (Quirinus Pegens: Artis apophthegm. Continuatio, Nürnb. 1656, S. 22): „und gebraucht sich auch die h. Schrit solcher Art zu reden (in Hyperbolis dem Brillen und Grillen), sagend: dass sich die Berge erniedrigen und Thäler erhöhen, dass in Canaan vermauerte Städte bis an den Himmel, dass der Leviathan Flüsse hineinsauffe, dass die Schleuderer ein Haar treffen können etc. Dergleichen lieset man bey Virgilio, dass Polyphemus ein Aug gehabt wie das grosse Sonnenrad, dass das Trojanische Pferd eines Berges Gross gewesen etc. Davon ist zu lesen, Musae: Conferences Academiques f. 117".

117. Zimmer. Chr. 4, 321, 21, vgl. 1, 492, 28. Fisch. Geschichtklitt. Cap. 57 (Kloster S, 511): „Welche am meisten von grossen streichen und vielen Bulen singen und sagen, die thaten am wenigsten schaden".

118. Zimmer. Chr. 3, 308, 21: „Diese historiam sagt der jung herr mit etwas affect, als die jugend thuet."

119. De offic. 1, 38, 137.

120. Im Programm der Friedr.-Werderschen Gewerbeschule in Berlin 1868 hat Georg Blichmann „Ueber den Ursprung des Bramarbas" gehandelt. Das Resultat der Untersuchung auch in den Gefllg. Worten u. d. W. Bramarbas. Noch Weigand in seinem Wörterbuch 1, 253 wirft die Frage auf: „Wol gebildet mit Zugrundelegung von dän. bram = Pracht, Prahlerei?"

121. Simplicissimus hg. v. Keller 2, 910.

122. Simplic. 1, 169. Vgl. Wander 3, 266, 46; 268, 93; 270, 148.

123. Wander 3, 253, 19; 256, 64. Vgl. 253, 13; 261, 213. 214. 233. 240. 241. Zimm. Chr. 4, 143, 9: „wie sie dann iren luginen maisterlichen ain art und ein anseben geben kunden".

124. Ethographiae Mundi pars I. 17. Regel (Magdeb. 1609, Liij). Von einer Lügenschule redet schon der Nithart HMS 3, 252ᵃ.

125. Lucian. ed. Bekker 11, 41, 29. f. Graff 2, 887: lugimeister, logodaedalos.

126. Geschwenck Bebelii 1558, Hij. Von ihm stammt sicherlich auch der sprichwörtl. Ausdruck Lügenschmied (vgl. Wander 3, 277) und „eine Lüge schmieden" (frz. forger une menterie Wander 3, 261, 228; 254, 40), und wenn Abrah. a St. Cl. 10, 52 (Hui u. Pfui) von einem Schmied erzählt, dem i. J. 1491 eine Muttergotteserscheinung zu Theil wurde und von dem nicht wenige Ungläubige sagten, er „könne besser Lügen schmieden als Hufeisen", so ist letztere Wendung wohl kaum seiner lateinischen Quelle (Atlas Marian. Jcon. 249) eigenthümlich, sondern seine eigene freie Uebersetzung, zumal da er den Ausdruck „Lügenschmied" öfters anwendet, so 10, 155; 11, 87 (hier für hebr.

בעל־לשון, eig. Lügenaufhefter, Lügenkleisterer, s. L. Hirzel: Hiob, Leipz. 1839, S. 82); 13, 2, 40. Auch „Zeitungsschmied" kommt vor: Rud. Huber: Histor. Lust- u. Blumengarten, Schaffhausen 1665, S. 391.

127. Wenn es im „Semper-Lust. Fabel-Hanns oder neu erdicht. Knospus etc. 1708" S. 206 heisst: „Die grösste Lügner der Welt seyn die Handwerker, so die Schuster und Schneidermeister haben sich aus Mutter-Leib herausgelogen", so sind dies Lügner in einem andern Sinne des Wortes, ebenso wenn im Kurtzweil. Zeitvertreiber v. C. A. M. v. W. 1666 in der Priamel „ein Weber ohne Lügen" als etwas Seltenes aufgeführt wird. Vgl. Wander 3, 271, 156. 164 (bei dem Boten ist es schon etwas Anderes).

128. Vgl. Wander 3, 268, 103; 269, 126.

129. Ueber die Ehe 8.

130. Luc. 11, 41, 25.

131. Vgl. Scheible: Schaltjahr 2, 389.

132. Neue und vermehrte Acerra philol. 1717, S. 260. Wander 3, 272, 178. 183. Fischart: Wider die Lesterungen etc. V. 530 hat ein anderes Bild: „ire lögen allesampt Die trappeln auf Holzschuhen her, Das man sic merckt so hart und schwer", bei Kurz 1, 146.

133. Luther Schriften 1, 555.

134. Wander 3, 269, 122. 125. 130; 270, 140; 278 f., 30. Delitiae poetarum Germanorum, Francof. 1612, II, 213 (Georgii Carolidae a Carlsberga Centuria III. 68): „Materiam mendax verborum a tempore sumit, Hunc igitur memorem, ne cadat, esse decet." Keller: Fastnachtsp. 1, 86, 31: „Darumb hoff ich ie, ich werd gewinn (die Mühle), Wann ich keiner lüg nie hab vergessen."

135. Göthe: Jphig. 4, 1. Ueber Naturw. 4. Lehmann: Florileg. polit. auctum. Frankf. 1662, S. 510, 65: „Ein Lügen darff wohl zehn gedicht, biss sie einer Warheit ähnlich gedrehet wird, darzu geschwinde glückliche Geschicklichkeit vonnöthen."

136. Fasciculus facetiarum 1670, S. 281. Vgl. dazu Fisch. Geschkl. Cap. 1 (Kl. 8, 81): „die sich fein in einander fügen, und schliessen, wie ein Dutzend silbere Becher und Venedische Trinckglesser." Von einem ungeschickten Lügner heisst es Wander 3, 263, 205: „Seine Lügen hängen zusammen wie ein Bettlermantel." (253, 16: Der Lügen Deck ist ein garn).

137. Burkard Waldis: Esopus 3, 29, 25 (hg. v. Kurz 1, 319).

138. Hesperus (II) 43. Hundsposttag (Reclam 2, 317). Wander 3, 260, 190: „Wer will, dass man seiner Lügen glauben soll, der muss sie mit Wahrheit flicken." Fischart: Trostbüchlein (bei Kurz 3, 233):

Geöltes Kraut geht hinab glatt
Ungeschmierte Räder gehn nicht satt;
Also ist alle zeitung matt,
Wann sie nicht etwas zusatzs hat,
Welches gläublich macht die geschicht und that.

139. Grillparzer: Polit. St. Metternich. Wander 3, 254, 19; 265, 12.
Shakespeare: Tempest 1, 2: — Like one,
Who having, unto truth, by telling of it,
Made such a sinner of his memory,
To credit his own lie.

140. Kirchhof 2, 130: Vom Lügenbuch.

141. Chamisso 3, 115. Wander 3, 254, 34; 272, 191; 274, 238, 255; 275, 258. 259. Mit diesen Redensarten hängt wohl auch die 257, 121 aufgeführte zusammen: „Lügen in allen Formaten ist eine grosse Bibliothek." So im flieg. Blatt v. 1621: (bei Scheible S. 91): „Der Teufel gar subtile leugt, in Duodez er nur betreugt", die Menschen aber lügen „in Folio." Abrah. a. St. Cl. 2, 123: „Gesellen, welche . . . . nit allein grosse und grobe Lügen in 1to, sondern in Folio auftragen." 13, 1, 25: „Der Lügen seind gar vielerlei: etliche, die in Duodez eingebunden, etliche in Octav, etliche in Quarto, welche aber in Folio gebunden, die seind gar abscheulich." (Ebenso in Philander's Zeitverk. 1702, S. 135, Nr. 198, wo auch noch eine andere Eintheilung der Lügen nach Metallen).

142. Fr. Wilken: Gesch. der Heidelb. Büchersammlungen, Heidelb. 1817, S. 405 f.: Deutsche Hs. Nr. 314. Pp. Jh. 14. Bl. 95: Versch. lat. Erz.

143. KHM 3, 31.

144. Ebenda 3, 194.

145. Wiener Jahrbücher der Literatur (1818) 1, Anzeigeblatt 35 f. Nr. 7. Vgl. Uhland 3, 230 f. Vielleicht kann man in v. d. Hagens Gesammtabenteuern 1, 470 (Nr. 20) V. 583 f. als eine Jagdlüge ansehen: „Herr Heinrich sinen habich liez, vierzik vogel der erstiez." Auch den Fang der 300 Füchse durch Simson nennt Abrah. a. St. Cl. eine „seltsame Geschicht" 14, 121 (Etw. f. Alle).

146. Joh. Bouset bei Heinr. Julius (hg. v. Holland) S. 534. Vgl. Zimmer. Chr. 3, 124, 5: „wie sich dann gemainlich guet hendel uf und bei den hirssplonen begeben." J. P. Waltmann: Der wohlstud. Pickelhäring, Röthenbach 1733, Nr. 108, S. 162: „Es giebt bei den Jägern und auch Schützen bisweilen wunderliche Zustände und lächerliche Possen" (auch im „Buch ohne Namen" S. 486). Des angenehmen Misch-Masches Artiger etc. Historien zweite Contination, o. O. 1729 (s. Maltzahns Bücherschatz 518, 2044) S. 90 f.

147. Zimm. Chr. 2, 125, 5; 3, 269, 18; 4, 273, 4. Im Spielverzeichniss der Geschichtkl. (Klost. 8, 309): „Die grössten Weydsprüch."

148. Harsdörffer: Der grosse Schaupl. lust- und lehrreicher Gesch. 1651, 2. Hundert, S. 369 f. (Lob der Unwahrheit): „massen wir wol wissen, dass Lügen euer Latein, und man euch für einen Hochgelehrten darinnen hält, der den Lufft oft verfälschet."

149. Abgedr. in Kellers Erzählgn. aus altd. Hss. 1835, S. 484.

150. Utopia Didaci Bemardini seu Jacobi Bidermanni e Societate

Jesu Sales Musici, quibus ludicra mixtim et seria litterate ac festive denarrantur. Dilingae. Formis academicis. 1644. Lib. VI. 19 (S. 327).

151. La nouvelle fabrique etc. S. 76 f: Des bonnes rencontres d'un Quidam. Eine andere Jagdlüge der Nouvelle fabrique: Comme un Savetier print deux lievres S. 26 f. tritt ebenfalls zunächst in lateinischem Gewande auf in den Nugae doctae Gaudentii Jocosi, Solisbaci 1725, S. 115 f.: Mendacium, und Deutsch bei F. J. Rottmann: Lustiger Historienschreiber, Hannover 1729, S. 170 f. (2. Hund. Nr. 23): „Die sich einander fangende Hasen." (Ein Weingärtner wirft einen Hasen Schusterpech an den Kopf, der Hase flüchtet, stösst auf einen ihm entgegenkommenden zweiten und beide bleiben mit den Köpfen an einander kleben). Eulenspiegelischer Mercurius, worinnen sowol nutzbare als lustige auch lächerl. Gesch. etc. Durch Doctor Nasenweiss von Fausenfels, Augsb. 1702. S. 195: Von einem Windspiel, welches auf einmahl zwey Hasen fangt. „Dieser Graf von Nassau ware auff der Jagd, wie er selber also erzehlet hat` .... ein Hase springt auf, das Windspiel ihm nach. Beide kommen auf eine Wiese, wo „ein Mäder eine Sense mit der Spitze in die Erden gesteckt hatte, dass der Hund an die Schärpffe rennete, und vom Kopff an biss hinten auss den Leib mitten von einander spaltete. Indem sprang ein anderer Hase auf, demselben lieffe die eine Helfte des Hunds nach, und dem ersten Hasen die andere. Also wurden beide Hasen gefangen. Ist es nicht wahr, du hast es ja gesehen, und bist dabei gewesen, pflegte dieser Cavalier dann zu einem seiner Diener zu sagen, welcher zum Lügen abgerichtet war."

152. Fasciculus facetiarum 1670, S. 270 ff. Dieselbe Geschichte wörtlich in: Kurzweil. Hanns Wurst von Fröhlichhausen 1718, S. 134 ff. F. J. Rottmann: Lustiger Historienschreiber, Hanover 1729 S. 51 (1. Hund. Nr. 34). Des angenehmen Misch-Masches artiger etc. Historien erste Continuation o. O. 1728 (s. Maltzahn Bücherschatz 518, 2044) Nr. 118, S. 104 ff. Lustigmacher 1762, S. 152. ff. Nr. 30. Gepflückte Fincken oder Studenten-Confect etc. Frankenau o. J. S. 279 ff. Nr. 1, wieder abgedruckt im Jägerhörnlein Dresden 1869, S. 3. ff. Vgl. auch Abrah. a St. Cl. 1, 65.

153. Phil. Hermotimus in der Ausg. von Frischlins Facetien v. J. 1660, S. 341: Stupendum mendacium.

154. Vgl. Münchhausens Reisen etc. 4. Theil S. 3, wo die Geschichte ganz genau so erzählt ist, wie in dem in Anm. 152 aufgeführten Historschr. Lustigm. u. Gepfl. F.

155. Gepfl. Fincken etc. S. 282 f.: Von einem andern Aufschneider.

156. Ulenspigel, 8. histori, bei Lappenberg S. 9 f. Nur ein Abklatsch vom echten Münchhausen ist es, wenn der Verfasser des 2. Bändchens S. 65 den Baron auf dieselbe Weise auch Wildgänse schiessen lässt.

157. Ueber Bebel s. Goedeke: Schwänke des 16. Jahrh. S. XVII ff.
Busch S. 33 f.

158. Facetiarum Henrici Bebelii lib. II., Antwerp. 1540 Gij: De
quodam mendace. Die „Geschwenck II. Bebelii" 1558 geben blos die
Hälfte dieser Geschichte.

159. S. Goedekes Schwänke S. 57, sowie die Nachweisungen
Oesterleys im 5. B. seiner Ausgabe des Wendunmuth S. 51.

160. Jacobi Pontani soc. Jesu Attica Bellaria, Francf. 1644,
S. 231, XCIII: Alius gloriose mendax. A. E.: Ex German.

161. Goed. Schw. S. 72.

162. Lib. III. Ovf. De insigni mendacio.

163. Goed. S. 63.

164. Zu den von Oesterley 5, 51 angeführten sind noch zu bemerken: C. A. M. v. W. Kurtzweil. Zeitvertreiber 1666, S. 116 f. Zink-
gref: Apophthegmata fortges. v. Weidner 5, 138. Fasciculus facetiarum
1670, S. 282. Kurzweiliger Hanns-Wurst von Fröhlichshausen 1718,
S. 270 f. Buch ohne Namen S. 287 f. Nr. 683. Aus Lyrum larum lyrissimum ist die Geschichte abgeschrieben in einem Manuscr. der Berl. Bibl.
Ms. Germ. Quart. 616 „Allerhand Lüstige Historien und Kurtzweil. Bey-
fälle" v. J. 1750, S. 45, Nr. 47. Des angenehmen MischMasches erste
Continuation 1728, S. 112, Nr. 129. Etwas für Alle in einer einge-
machten Allabatritta oder Lustigen Gesellschaft etc. Von Erhard
Michael Freudenberg. Hall 1732. S. 115, Nr. 183. Relander: Der cu-
riouse auch lustige Zeitvertreiber etc. 2. Aufl. Frankf. u. Leipzig 1756,
S. 30, Nr. 32: Der auf der Post reutende Windmacher. — Fischart in
der Vorrede zur Practik (Kloster 8, 552): „Der Newzeitungdichter muss
wissen, wo man uber die Bruck zu Venedig rennt." Im Simplicissimus,
1. Buch, 6, 14. Cap. (bei Keller 2, 902) wird die Geschichte auch wiedergegeben; der Lügner weiss „es mit nichts bässers zu bemänteln
und sich zu excusiren, als dass er sagte, er habe es gelesen." Vergl.
auch Fuchsmundi 1728, Cap. 56, S. 457 ff., besonders S. 460, wo der
Lügner fragt, ob es in Venedig noch so viel Carossen gebe als zu
seiner Zeit, und S. 461, wo er von einer Schlittenfahrt in Madrid erzählt etc.

165. Jocorum atque Seriorum tunc novorum tunc selectorum at-
que memorabilium centuriae aliquot Recensente Othone Melandro, J. U.
D. Francof. 1626. III Tomi. (D. Oth. Melandri Jocoseria). Band 1, 101
(no. 114). De quodam mendaci. Darnach deutsch in: Der kurtz-
weilige Polyhistor etc. v. Hilario Sempiterno. Cosmopoli 1719, S. 4,
Nr. 10: Der weitgereisete Prahl-Hans, im Lustigmacher 1762, S. 23,
Nr. 30, und im Lust- und possirl. Historienschreiber v. H. S. o. J. N. 16.
Lateinisch auch in: Gaudentii Jocosi Nugae doctae et inauditae.
Solisbaci 1725, S. 185: Mendax.

166. Zimm. Chron. 2, 351 f.

167. Sam. Gerlach: Nova Gnomotheca Lib. I. Nr. 1000, S. 270.

Eutrapeliarum l. 1, 1000. Buch ohne Nahmen S. 123, Nr. 281. Bei
Abrah. a. S. Cl. 13, 1, 65 (Narrennest), wird Einer, der alle Städte
durchreist haben will, gefragt, ob er zu Rom, Neapel, London, Cosmographia, Frankfurt etc. gewesen sei? „Da nicht, sonst allenthalben".
Ob zu Paris? „Da wohl, aber er habe die Stadt vor den Häusern
nicht recht können sehen." — In Sam. Gerlach's Eutrapeliarum l. 1,
Nr. 735 hat Einer die Staedte alle in Frankfurt gesehen, „in der Buch-
gassen, da waren sie alle gross ausgehengt" (so auch in seiner Nova
Gnomoth. Lib. 1, Nr. 735, S. 196 f. Buch ohne Nahmen S. 43, Nr. 96).

S. auch Weidner (1683) 5, 119: Von einem gewanderten Hessen. —
Im Hess. Märchen bei Hoffmeister S. 98 thut Einer der in der Fremde
gewesen, als ob er die Dinge daheim nicht mehr kenne. Er sieht
einen Rechen lehnen und fragt wie das Ding heisse. Dabei stösst
er daran, der Rechen fällt um, schlägt ihn an die Stirn, und er ruft:
Verdammter Rechen!

168. Kurtzweil. Zeitvertreiber v. C. A. M. v. W. 1666, S. 117.
Fasciculus facetiarum 1670, S. 283. Schola Curiositatis sive Antidotum
Melancholiae o. O. u. J. (Francof 1670). 2 Theile. 1, 132: Jactator.
Lustiger und possirl. Historienschreiber von H. S. o. J. Nr. 95. Kurtz-
weil. Hannswurst 1718, S. 128 f. Recueil etc. 7. und S. Hund. 1719,
S. 129 f. Nr. 150. Kurtzweil. Polyhistor von Hilar. Sempiterno, Cos-
mop. 1719, S. 127 (3, 10). Vgl. Phil. Harsdörffer: Der grosse Schau-
platz jämerl. Mordgesch. Hamb. 1662, im Anhang Nr. 156, S. 744:
„Ein Schlesier liesse etliche zweiffelhafte Reden hören, desswegen
fragte ein andrer: Ob man zu Lügnitz gute Messer mache." Schon
im Schachzabelbuch heisst es: von Lügenitz der ist ein michel diet.
Der Nithart HMS 252ᵃ sagt: Miner frouwen hovesite Vert von Lüge-
lingen; da ist ein schuole, hoere ich sagen, Voller trügenheit. S.
Wackernagel in Germ. 5, 311 (vgl. auch 314 f.) Abrah. a. S. Cl. 1, 217
(Judas) hat das Wortspiel: „Lugenberger für Lutenberger (eine Wein-
marke) ausgeben." 2, 378: „Wann eine ehrabschneiderische Zunge ein
Degen wär, so wollt ich selbst damit, womit die Stadt Lugdun,
wenigstens die Vestung Lugenburg einnehmen."

169. Hoffmann v. Fallersleben: Fundgruben 2, 5, 25 ff. Wiener
Hs. des 13. Jh. bei Haupt 2, 560, V. 56: „der liuget, daz er uz ise ein
guot fiuwer mache, und liuget daz ez krache als ein prastelender
wite." — Recept v. J. 1422 bei Haupt 15, 511: „die hiez von einem
sne" und: „stiglitzfersen gebraten auf dem sne," v. J. 1443 in Germ.
8, 64: „ein fewer, das von eiszepffen gemacht sey," und: „nim ein
vierdung schne und terr die matery ob dem fewer." — Windbeutel
bei Keller 491, 1: „Ich sach das schnee zu pulfer bran." Fastnachtsp.
3, 1197, unten:

> „Und wer do sech ein rauch auff gon
> Von einem feur von schne gemacht . . ."

Keller: Alte gute Schwänke 1876, S. 17, 6: „und ob feur heisser sey,

dann schne (s. Busch S. 147, 2), 22, 2: „wer an der sunnen schno wil
deren .." Der Finkenritter will „Wassor mit gebratenen Eiszapfen
und gedürrten Schnee verbrennen und zu Pulver werden lassen." —
S. die Priameln in Eyring: Copia Proverbiorum 2, 461; 3, 343; eine
ähnliche in „Ergötzl. Burgerlust" S. 119 f: „Der Esel sucht zu scheren,
Wänd und Bänk will reden lehren .... Ein schwartzen Beltz will
waschen weiss, Auf dem Feuer dörren das Eis ... Das Eisen will
lernen schwemmen (S. 120) den Schnee an der Sonnen dörren Oder
in ein Tuch will sperren ... All Wasser binden an ein Seil etc."
Sprichwort bei Busch S. 148. Meinert: Fyelgio etc. S. 28: „Wann
das Fener den Schnee anzündt..." Peter: Volksthüml. aus Oestr.-
Schles. 1 (1865) S. 455: „Mächt iiäs dach dr Schnii frbriin!" (Ausruf
der Verwunderung). Der Kladderadatsch vom 26. Dec. 1880, S. 235ᵇ
prophezeit (in der Weise Fischarts in der Practik), als Heizmaterial
werde im Juli glühendes Eis dienen. — Auch die Heiligenlegende hat
sich der Wendung bemächtigt. Abrah. a. S. Cl. 10, 31 (Hui u. Pfui;
auch im Recneil 1. Hund. 1719, S. 46, Nr. 81) berichtet darüber:
„Sehr wunderlich ist, was von dem heil. Patritio geschrieben wird
in Contin. Bolland. SS. martyr. Als dieser noch ein Knabe, und mit
andern seines Gleichen zur harten Winterzeit mit Schneeballen und
Eiszapffen gespielet, auch einige Eisschrollen mit sich nach Hause
getragen und selbige auf den Heerd geleget, worüber die Kinderfrau
nicht wenig geschmählet, und ihm vorgeworfen, er solle sich lieber
Holtz herzutragen zum Feuer und keine Eiszapfen, worauf der fromme
Knabe geantwortet: Meine liebe Alte, mache nur desshalber kein so
fiusteres Gesichte. Wann Gott will, so kann er auch das Eiss wie
ein dürres Holtz anzünden, und damit du erfährst, dass alles möglich
ist einem Festgläubigen, so wirstu es jetzo mit Augen schen. Hierauf
legte er die Eiszapffen wie die Scheiter zusammen. Nachmals fing er
an zu bethen, folglich das heil. † gemacht und augeblasen, siehe
Wunder! Alsobald ist das helle Feuer aufgaugen und hat das kalte
Eiss wie Holtz gebrandt, so dass alle zulauffende sich nicht allein ge-
wärmet, sondern auch in dem wahren Glauben noch mehr befästigt
worden." Und vor Kurzem ist das Werk des heiligen Knaben durch
die Naturwissenschaft zu Staude gebracht worden. Der englische
Physiker Th. Carnelley soll Eissticke, die vollkommen hart und fest
blieben, so erhitzt haben, dass man sie nicht berühren konnte, ohne
sich zu verbrennen.

170. Bebel Lib. II., Hᵇ: Factum dictum et ridiculum. Uebers.
in Scheibles Schaltjahr 3, 71. Goedekes Schwänke S. 62 f., auch bei
Hub S. 79. Zu Oesterley 5, 50 ist zu bemerken: Ans lyrum larum etc.
ist die Geschichte abgeschrieben in Manuscr. der Berl. Bibl. S. 109 f.,
Nr. 134. Ferner in: Volksbuch vom lügenhaften Aufschneider, Schalt-
jahr 4, 122. Abrah. a S. Cl. 10, 58 f. Buch ohne Namen S. 329, 761.
Bei Weidner (1693) 5, 119 ist ein Falschmünzer verbrannt worden,
Einer fragt was er gethan habe und erhält von einem Spottvogel die

Antwort, er habe Schnee gedörrt. So auch in: Des angenehmen Misch-Masches zweiter Continuation 1729, S. 216, Nr. 332 (Ende des Buchs). Scherzhaffte Einfälle und lustige Historien o. O. 1753, S. 216.

171. v. d. Hagens Narrenbuch. S. 97. 436.

172. Bebel Lib. II, Eij^b folg. Nugae eiusdam fabri clavicularii Cantharopolitani. Uebersetzung im Schaltjahr 2, 103. Goedekes Schw. S. 59, über Frey S. XX f. Wendunmuth 1, 258 (vgl. 5, 52). Schertz mit der Wahrheyt. Kurzweil. Gespräche, In Schimpf und Ernst Reden etc. Jetzund von newen widerumb ersehen, gemehrt . . Frankf. 1563, S. XXV: Von Lügen. Münchhausens Abenteuer 4 (Bodenwerder 1795) S. 36.

173. S. Deutsches Wtb. 3, 359, 4. Wander 1, 800, 35. Zimmer. Chron. 2, 464, 29; 3, 221, 5; 2, 358, 33. 299, 19.

174. Bebel Lib. II. Eiij: De eodem. Uebers. im Schaltjahr 2, 197. S. Goed. Schw. S. 61. Osterley 5, 52.

175. Goed. Schw. S. 61 f. Nach Frey wörtlich in: Der Geist von Jan Tambaur o. O. u. J. 12. S. 129 f.

176. Zimm. 2, 125, 6, s. Goed. S. 72.

177. Zimm. 2, 146, 4: „Dergleichen facetia habe ich in den schwenken Bebelii gefunden". — Noch möge eine ähnliche Geschichte hier eine Stellle finden, von der Abraham a S. Cl. II, 124 f. (Jud.) erzählt: „Ein anderer hat ausgegeben, dass er Anno 1632 auf dem Meer habe ein Unglück ausgestanden, indem das überladene Schiff von denen ungestümmen Winden gescheitert und folgsam Alles zu Grunde gangen: er aber (S. 125), als des Schwimmens wohl erfahren, sey fünf welsche Meil unter dem Wasser geschwommen und beinebens drei Pfeifen Taback unter dem Wasser ausgetrunken: also behutsam mit der glühenden Kohle umgangen, dass sie ihm nicht erlöschet!"

178. Bebel Lib. III, M: De insigni mendacio. Uebers. im Schaltjahr 1, 600. · Wendunmuth 1, 251 (5, 51 f.). Heinrich Julius Schauspiele hg. v. Holland S. 532. 899.

179. Goedeke Schw. S. 58 f. Fischart berührt den Schwank auch: (Lies und du findest) „Dass einer auff ein halben Pferd, welches ein fallender Schutzgatter entzwey getheilet, noch etliche Meylen sey geritten, unvermerkt biss ers getummelt", Geschichtkl. Cap. 9 (Kloster 8, 186).

180. Beb. Lib. III. Pij^b folg. Sequuntur mendacia explocissima Fabri Cantharopolitani. Uebers. im Schaltjahr 1, 500. Wendunmuth 1, 260, s. Goed. S. 62, Oesterley 5, 52. Vincentius bei Holland S. 537. 901 f. Nach Kirchhof findet sich die Geschichte auch in: Lyrum larum Lyrissimum, d. i. Eine heilsame Quintessenz aus 500 kurzweil. Gesch. 1701, S. 65¹, Nr. 151, und daraus im Manuscr. der Berl. Bibl. v. J. 1750, S. 98, Nr. 124. Ganz nach Kirchhof auch Abrah. a S. Cl. 10, 465 (Hui u. Pfui), 13, 1, 28 (Narrennest).

181. Scheible Schaltjahr 4, 122 f. S. 125 wird der Befehlshaber der Compagnie und Held des Buchs selbst verschluckt und bringt 25 Jahre im Fische zu. S. Beatties absprechendes Urtheil über Lucian bei Dunlop-Liebrecht S. 418. Die Zeitungen haben kürzlich die Aufschneiderei in einem andern Sinne angewandt auf Sarah Bernhard, wenn sie sie stranden liessen, um sie „im Bauche eines jungen Herings wiederzufinden".

182. Bebel Lib. III. Pij⁰ folg. Aliud de apro. Uebers. im Schaltjahr 4, 48. Goed. S. 60 Oesterley 5, 52. Abrah. a S. Cl. 2, 125 (Judas).

183. KHM Nr. 20. 3, 29 ff. 111. Goed. S. 20 (vgl. über Montanus S. XXIII).

184. Bebel Lib. III. M: De alio Mendacinm. Uebers. im Schaltjahr 3, 543. Goed. S. 60, Nr. 5; s. Oesterley 5, 52. Talitz v. Lichtensee (s. Goed. Grundr. S. 513) S. 342 setzt hinzu: „Da hätte mancher Blinder viel gegeben, das er solches Wunder sehen können". Auch in QuirinusPegens: Artis apophth. continuatio Nürnb. 1656, S. 298 f. 4434. Philander: Zeitverkürzer 1702, S. 359, nr. 532.

185. Bebel Lib III. Piij. Aliud de Lupo. Uebers. im Schaltjahr 3, 72 f. Goed. S. 60 f., s. Oesterley 5, 52. Dass das 2. Bändchen des Münchhausen S. 13 dieselbe Geschichte von einem Haifisch erzählt, ist eins der vielen Zeichen für den Mangel an Originalität, durch welchen die Fortsetzung zu einem Abklatsch des echten Münchh. wird.

186. Uebers. im Schaltjahr 3, 393 f. Goed. S. 63 f., Aehnlich ist, was im 2. Bändchen des Münchh. S. 6 erzählt wird. M. schiesst ein Rebhuhn aus einer Kette, die sich ins Gebüsch senkt, und darauf einen Fuchs, dem beim Aufschneiden ein Rebhuhn entfliegt. M. hält das Loch zu und hat so die übrigen.

187. Nach Sebast. Medicis Florent. Iurisconsulti tractatus de Venatione Piscatione et Aucupio, Col. Agr. 1598, S. 30 ist dem Clerus die Jagd verboten. Wenn dort 30, 9 als einer der Gründe des Verbots angegeben wird: „quia venatio caret exemplis sanctorum virorum. Esau venator erat, quia peccator erat, et penitus non invenimus in scripturis sanctis sanctum aliquem venatorem, piscatores invenimus sanctos": so sagt M. Andreas Angelus Struthiomontanus: Jägerhörnlein und kurtzer Bericht vom Jägerstandt, Frankfurt 1597, S. 8: „Fürs dritte giebts auch die heilige Schrifft, dass viel heilige Männer, deren gottseliger Wandel in der Bibel hoch gerühmt wird, entweder selber gejaget haben, oder ja durch ire Kinder und Gesinde haben jagen lassen". Dem Esau habe es Isaac selbst befohlen etc. Auch Abrah. a S. Cl. 14, 117 (Etw. f. Alle) nennt heilige Männer des neuen Testaments, welche Jäger waren.

188. S. Goedeke Schw. S. 64 ff. (Ueber Schumann S. XXV f.)

189. S. E. Rohde: Gesch. des griech. Romans S. 181, Anm. Benfey: Orient und Occident 3 (1865), 353 ff. Lucians Ikaromenipp klammert sich an einen Adler und einen Geier an und gelangt so in die höchsten

Sphären. — Neue Acerra philol. Frankf. und Leipz. 1717, S. 169 ff. „Vom
Vogel Greiff und dem Vogel Ruck." Joach. Vollrath von Sittewald:
Neue allmodische Sittenschule 1689, o. O. S, S. 75, 1: Vom Vogel Rocco.
Maltzahn: Deutscher Bücherschatz etc. führt S. 372 Nr. 1828 auf:
„Relation von grossen wunderlichen Vögeln .... bei Radebor etc.
Neisse 1645. 2 Bl. 4. Abrah. a S. Cl. S, 366 (Auf, auf): „Paulus Venetus
lib. 3, c. 4 schreibt, dass in der Insel Madagascar der allergrösste Vogel
in der Welt sei, mit Namen Ruch, welcher einen ganzen Elephanten
über sich in die Höhe führet, denselbigen nachmals wieder herunter
stürzet und tödtet, eine einige Feder, dessen Vogel soll 90 Spann
lang sein, und der Federkiel zwei Spann dick, mit dem könnte man
grosse Lügen schreiben."

190. Man könnte höchstens an den Schuster erinnern, der nach
einer Erzählung in des Montanus Gartengesellschaft in ein Ei fällt,
dass er ist, s. Goed. Schw. S. 116, Nr. 77. — Ein höchst naives Gerücht
verbreitete sich im Januar 1880 im Ljubastowschen Kreise. Es ist —
so erzählte sich das Volk — irgendwo in weiter Ferne ein Wunder-
ding von kolossaler Grösse vom Himmel gefallen, drei Werst lang
und eine halbe breit. Um dasselbe sind viele Batterien Artillerie
aufgestellt; das Wunderthier bewegt sich gar nicht, aber auf seinem
Rücken trägt es ein Blatt Papier von riesigen Dimensionen mit einer
Inschrift — was sie aber enthält, weiss leider Niemand zu sagen!

191. Zingerle in Germ. 7, 189 f. Zu den dort angegebenen Stellen
bemerke ich noch aus St. Brandan hg. v. Schröder S. 73, V. 1049: da
brante daz wazzer alsô strô; vgl. oben Anm. 62. Murner: Schelmen-
zunft 45: Ein weyer verbrennen.

> Wer verurteilt wird mit Recht
> und das mit tröen widorfecht,
> Hawen, Kriegen, mörden, stechen
> und sich an grossen Herren rechen,
> Den lässt man lauffen, wüten, rennen,
> Er kan doch nur ein weyer verbrennen.

Vgl. Euch. Eyring: Copia Prov. 2. Theil. Eissleben 1601. S. 461:
„Wenn einer unnütz dlug für nimpt etc." bis „Ich halt er will das Meer
ausbrinnen." Unter andern „Wunderbrunnen, sonderbahren Quellen und
seltzamen Seen" berichtet von einem Brunnen, in dem die ausgelöschten
Fackeln angezündet werden: Celander (J. G. Gressel): Histor. Lustgrotte,
Hamb. 1710, 8, S. 130; s. auch S. 168—175. Auch in Talander (Pseud.
f. Aug. Bohse): Histor. Weltspiegel, Leipz. 1711 (aber auch schon
früher, da Celander sich auf ihn bezieht) S. 335 ff. 530 ff.

192. S. Wander u. d. W. brennen I, 460, 1. 461, 26. Rhein III,
1665, 20. 1666, 28. 29. 30. 33. 34. 37. 38. vgl. u. d. W. Kuh II, 1692, 622.
Donau I, 672, 6. Elbe I, 804, 2. Suchenwirt V. 6:

Da von so muz ich trawrig sein,
Daz di Tonaw ist verbrant.
V. 53: Davon verpraten ward der Rein.

Kolm. Hs. 142, V. 5:
Der Rin von einem isen bran daz er ganz überfrôs.
V. 43: .... stôz an, er hât gebrant!

193. Mone: Anzeiger f. Kunde der deutschen Vorzeit (1839) 8, 614.

194. Schaltjahr 4, 126.

195. K. Haupt: Sagenbuch der Lausitz 1863, 2, 217, Nr. 317.

196. Laz. Sandrub: Histor. und poet. Kurtzweil, Frankf. 1618, Cap. 115, S. 176 f. (Huh 1, 276; Goedcke: II Bücher Deutscher Dichtung 1, 241). Gott geht im Himmel ohne Rock herum, da ihm der von Trier genommen ist.

197. KHM 3, 229. Auch Abrah. a S. Cl. 9, 462 (Bescheidessen) erzählt das Märchen.

198. Im Volksbuche vom Aufschneider kommt ebenfalls die Rübe zu Strassburg auf dem Felde vor, die in 3 sommerlangen Tagen nicht umritten werden kann, s. Schaltjahr 1, 126. Vorher, S. 124, war schon von dem grossen Kessel die Rede. Letzterer auch im Vincentius S. 537. Kohlkopf und Kessel auf 2 Lügner vertheilt, deren zweiter den ersten übertrumpft, in: Pontanus S. 231, CVIII: Insignia mendacia. Joh. Casp. Suter: Histor. Lustgärtlein, Schaffhausen 1665, 12, S. 66. C. A. M. v. W. Kurtzweil Zeitvertreiber S. 115. Harsdörffer: Der gr. Schaupl. Lust- und lehrreicher Gesch. 2. Hund. S. 75. Fasciculus facetiarum novissimarum, d. i. Neu-aufgezimmerte Lust- und Schatzkammer etc. 1670, S. 281 (unter dem Kohl können 1000 Reiter mit aufgerichteten Lanzen halten). Abrah. a S. Cl. 2, 124 (Judas); 11, 86 (Gehab dich wohl). Der kurtzweil. Arlequin präsentirend allerhand curieuse Begebenheiten, durch J. M. M. Leipz. 1691, S. 81. J. L. Talitz v. Liechtensee: Kurzweil. Räyse-Gespan etc. Ulm. 1697, S. 340, Nr. 223 (a. E. „Diese sollen zween Bergomascher gewesen seyn"). Lyrum larum lyrissimum 1701, S. 66, Nr. 153. Philander: Zeitverkürzer 1702, S. 9, Nr. 4. Der kurtzweil Polyhisor von Hilar. Sempiterno, Cosmop. 1719, S. 121, Nr. 294 hat statt des Kohlkopfs einen Kalbskopf, grösser als ein Ochsenkopf, ebenso: Kurtzweil. Hannswurst von Fröhlichshausen 1718, S. 106. Wendunmuth od. erneuter Hanns guck in die Welt od. Mercks Matths Cosmopoli o. J. 12, S. 141. v. Sinnersberg der lustige Teutsche 1729, S. 217. J. P. Waltmann: Der in allen Wissenschaften erfahrene Pickelhäring 1733, Nr. 178, S. 229 f. Im Recueil 4. Hund. 1719, S. 3 f. Nr. 2 französisch, s. oben S. 57. Etwas für Alle 1732, S. 119, Nr. 192. Schreger: Zeitvertreiber, Stadt am Hof 1753, S. 531, Nr. 27. Lustigmacher 1762, S. 119, Nr. 56 wie im Polyhistor. Ebenda S. 13, Nr. 15: Die grosse kupf. Pfanne, der ein Andrer die Krautstaude hinzufügt. Lust. u. possierl. Historienschreiber v. H. S. o. J. Nr. 8. Münchhausen 3, 57.

299. Haltrich: Siebenbürg. M. S. 265 f.

200. Recueil 4. Hund. 1719, S. 3 f. Nr. 2. Leider ist die Quelle nicht genannt.

201. Der lust. Heer-Paucker, spricht von schönen lust. Historien etc. Potzdamm o. J. 12. S. 19 f.: Die Lügen mit Lügen bezahlt.

202. Plut. Moralia ed. Dübner 1, 91, 25 ff. Regis zu Rab. Garg. 4, 55 Band 2, S. 717 f. Die eingefrornen Worte auch in Hanns Guck in die Welt S. 37. Jahrmarktspiéce bei Scheible 4, 122. C. A. M. v. W. Zeitvertr. 1666, S. 120. Wendunmuth od. ernenter Hans guck in die Welt od. Mercks Matths. S. 53. Sehr ausführlich in der Erzählung im Schaltjahr 2, 387 ff., wo die grosse Kälte an die russ. Grenze verlegt wird ganz im Anschluss an Castiglione's Cortegiano (zuerst 1528), s. Regis' Anm. zu Garg. In Stranitzkys Reisebeschreibung S. D 2 fallen dem Hanns Wurst in Krönland als er sprechen will Eisschollen auf die Erde, je nachdem „die Red hätte kurz oder lang seyn sollen." Er legt die Klumpen an ein Feuer u. s. w. Mit der Ausrede, man habe in der Rathsversammlung über die in Aussicht stehende Kälte berathen, von welcher die Worte, ja Seufzer gefrieren würden, speist ein Rathsherr seine neugierige Frau ab: Aeg. Alb. Hirnschleifer 1618. Recueil 7. u. 8. Hund. 1719, S. 129 f. Kurtzweil. Hannswurst 1718, S. 132. Waltmann: Pickelhäring 1733, Nr. 193, S. 238. Abrah. a S. Cl. 6, 12 (Judas); II, 233 (Gehab dich wohl.) Ebenso im Lustigmacher 1762, S. 43, N. 59: Prophezeyung eines kalten Winters. Lust. und possirl. Historienschreiber v. H. S. Nr. 25. Münchhausen 3, 77. Wenn wir die bezeichnende Redensart haben: „Er thaut auf == er wird munter, gesprächig, so erzählt Wickram (s. Goed. Schw. S. 210) von Einem, dass er, „aufgefriert," nachdem er Wein getrunken.

203. Zimm. Chr. 2, 389.

204. Brandanus hg. v. Schröder S. 191, 9. Vgl. Montevillas Reisebeschreibung Cölln 1600, S. 243, wo das Priester Johans Land beschrieben ist, „gegen der Sonnen Aufgang, als ferne, dass man nicht ferner kommen mag, da findet man grosse wunderliche Gebirge und finster Land, da man weder tag noch nacht gesihet." S. KHM 3, 45 f. Busch S. 48. Auch in Tirol „bei dem Pass Finsternünz, zwischen Vintschgau und dem Innthal" soll die Welt mit Brettern verschlagen sein.

205. Scheible; Schaltjahr 4, 121. Im Fliegenwadel von Hans Muckenfeind, 1707, S. 111 wird ein Konstabler, als er in „das Stuck schauet und in solchen die Kugel heraus gehen gesehen, selbe mit beyden Händen ergriffen", fortgetragen und ergreift unterwegs eine ihm entgegenkommende, von den Türcken abgeschossene, und gelangt mit ihr „auf vorigen Posto." Stranitzky's Reisebeschreibung (s. Goed. Grundr. S. 510) B.: „Hanns Wurst erzehlet seine Abreyse von Saltzburg und einen lächerlichen Anschlag eines Passagieres, desto bequemer nacher Moskau zu kommen." B 2: „Endlich fiel mir ein, dass nicht allein dem gemeinen Weesen erspriesslich, als denen

Reysenden sehr bequemlich wäre, wann man nemblich an dem Orth, von welchen man ausreisen wolte, einen grossen Palester von unmenschlichen Proportion Architektonisch einrichtete, und denselbigen nach Weite der ersten Reyss oder Wurfs accomodirte, auch wohl zusehete, wie viel Centner er dahin wergen hönnte? Wäre nun der Palester fertig, müste sich derselbige der zu reysen gesinnet, mit Sack und Pack darein setzen und sich erstlich auff 6 Meil weit abschnellen lassen, dieses wurde also fort continuirt, dass alle 6 Meil wieder ein neuer Palester verfertigt wurde, es wäre aber wohl nöthig, an selbigen Platz (dahinter der Pallester schnellte) Heu, Stroh, Feder- und Haar-Küssen zu legen, damit denen Reysenden nit etwann einige Ungemächligkeit zustossete." Wurstl hält den Kerl für einen „rechten Foliant-Narren." In den Gepflückten Finken etc. 1730, S. 283 ff. Nachtrag III wird ein Aufschneider aus Zorn von einem Untergebenen in eine Kanone geladen, kommt aber zurück mit einer begegnenden Kugel „in sein Losament recht in das Bett." Münchhausen kriecht später noch einmal in eine Kanone und wird unfreiwillig herausgeschossen 1, 129.

206. K. Haupt 2, 216. Reysen und Wanderschafften des .. Joh. de Montevilla .. übersetzet durch Otto von Demeringen, Cölln 1600, S. S. 132 f.

207. Ameisen so gross wie Hunde beschäftigten die Verstellung auch unsres Volkes vielfach. Joh. v. Monteville lässt S. 237. 242 f. im Priester Johanns Land solche existiren, wie S. 115 in Indien Mäuse so gross wie Hunde. Paullini: Zeitkürz. erbaul. Lust, 3. Theil 1697, S. 228: „dass in Indien Ameisen sind, so gross fast als bei uns ein ziemlicher Hund, bezeugen viele." S. 575 ff. LXXXVI: „Wo die Ameisen so gross sind als Hunde?" S. 882 834, CXXX: „Die gelehrte Lügen", stellt er ein ganzes „Bündlein" derartiger von gelehrten Büchern verbreiteter Dinge zusammen, „die keinen Grund in der Natur haben."

208. Melandri Jocoseria 1626, I, 101 Nr. 135. Vermehrete Schulbossen d. i. allerley lust. Facetiae Pennalium, ex Hierodis Fac. etc. 1627, S. 9. Exilium Melancholiae 1643, S. 232. C. A. M. v. W. Zeitvertr. S. 117. Abrah. a St. Cl. 10, 155 (Hui und Pfui, ganz nach Melander). Philander: Zeitverkürzer 1702, S. 8, Nr. 3. Recueil 1. Hund. 1719, S. 39. Etwas f. Alle 1732, S. 49, Nr. 77. Kurtzweil. Hannswurst 1718, S. 12 f. Vgl. auch die Stellen Flohhatz (Kloster 10, 891):

> Aber da lass ich euch für sorgen
> Wie ihr darein kompt wol verborgen.

Lied v. 1611 in Haupt's Zeitschr. 2, 56

> V. 130: es hat immer in aller masz
> daselbsten wie die Schaf so gross.

Ditmars. Lied (Vieth S. 111, Uhl. 240 A str. 7)

> V. 31: In myn Land sind so grot de Flegen
> Als hier tho Laud de Zegen.

209. Lassberg Liedersaal 3, 315, 78. Aehnlich in Haupts Zeitschr.
7, 377 — 80, V. 83:

> swelch man sich des bedenket
> ob in sin wip bekrenket,
> dazer den Schranc wider stlirze
> und mit listen liste lürze,
> daz ist ein michel wisheit

(vgl. Plautus Mil. glor. II, 2, V. 198: quem dolum doloso contra con-
servo parem; Eyring 2, 19: fraus fraude datur, Cretensis Cretensum,
Vulpinari cum vulpe, Tu quoque fac simile, sic ars deluditur arte),
s. Uhland 3, 337 Anm. 266. Ueber das Schneekind s. Uhland 3, 220.
Liebrecht zu Gervasius S. 71. Pauli Schimpf u. Ernst hg. v. Oesterley
S. 407, Nr. 208; Rochholz in Germ. 7, 416. — Durch dasselbe Mittel
wird die Prahlerei eines Mannes enthüllt in der Zimm. Chron.
1, 492 f. und, wo freilich Unflätherei den Witz ausmacht, im Ersten
Theyl Katzipori 1558, Xv — Y: „Ein newe Zeytung, welche ein
guter Schlucker guten Gesellen bracht.“ Besser ist der Schwank
bei Pauli, s. Goedeke S. 107, Nr. 65, wo ein immer gestiefelt und
gespornt Erscheinender zu dem Schwur, er habe kein Pferd, gebracht wird, indem man ihn beschuldigt, ein Kind überritten zu haben.
Ganz ansprechend ist dieser Schwank auch erzählt in: B. Hertzog:
Schiltwacht, d. i. ein kurtzweil. Büchlein mit vielen Historien u. Dichtungen. Magdeb. o. J. bei Joh. Franken 8° (wohl vom Anfang des
17. Jh.) Fij: „Ein edel geschieht einem Edelmann wiederfahren von
einer Oberkeit,“ und in Rottmanns Lust. Historienschreiber 1729,
S. 241 f: Der zu Schanden gemachte Grosssprecher (ein armer Schlucker
„von seinen Gross-Eltern ein paar alte Stiefeln ererbet hatte,
worinnen er jedes mahl nach der Stadt ging etc.“ Am Schluss will
er durch hundert Zeugen bekennen lassen, nie ein Pferd im Stall gehabt zu haben, obwohl er „ein gantz Gespan halten und haben könnte“).
Einfach beim Wort wird der Lügner genommen in der Erzählung der
Zimmer. Chr. 2, 470 f. Den Pfarrer, welcher predigt, Weihwasser auf
ein Grab gesprengt, „möge, ob schon ain dicker stein uf dem grabe
lege, doch durch den stain und alle dicke der erde penetriren“, führt
ein Schneider in absurdum, indem er, beim Empfang des Weihwassers
einen dicken Filzhut aufbehaltend, des Glaubens zu leben vorgibt
dass es diesen „multo minori negotio durchdringen werde, wie ain
stain.“ Hierher gehört auch der Schwank aus dem Wegkürzer, bei
Goed. S. 170 f. Nr. 87. (auch im Schaltjahr 1, 43) und aus dem Nachtbüchlein bei Goed. S. 131 f., sowie aus Sommers: Emplastrum Cornel.
1605, S. XIX: Von einem gelehrten Phantasten (ein Sohn will seinem
Vater, um ihm zu zeigen was er in Paris gelernt, glauben machen,
dass „in dreyen Eyern fünffe begriffen sein.“ „Wer drey Eyer
hat, hat auch zwey Eyer. Wer aber drey und zwey Eyer hat der
hat auch fünff Eyer, demnach folgt schliesslich, wer drey Eyer hat

hat auch fünff Eyer." Der Vater sagt: „Wohlan, lieber Sohn, iss
du die zwey Eyer die dir deine Logische art oder Kunst geleget hat,
ich will den Hunger mit den dreyen Eyern, so mir meine Henne geleget, vertreiben." Weniger eine Apagoge findet statt, als ein Stellen
einer Falle, wenn ein Prahler, der alle Sprachen verstehen will, einen
ihm vorgelegten Zettel mit den Worten: „Snüg nebeg rap uf (= Gänse
gehen barfuss)" für eine arabische Anrede an die Götter beim Opfern
erklärt, s. Schreger: Lust.-Nutzl. Zeitvertreiber, Stadt am Hof 1753,
S. 618, Nr. 180.

210. Steinhöwels Aesop hg. v. Oesterley, Stuttg. 1873, S. 239 ff.
Hans Sachs V. Buch, Nürnb. 1579, (3. Theil) Bl. 397. Auch bei Abrah.
a.S. Cl. 10, 172 (Hui und Pfui) und 11, 96 f. (Gehab dich wohl,
unter Anführung des Jesuiten Carolus Cassalichius als Gewährsmann). An letzterer Stelle ist die Geschichte dahin abgeändert, dass
ein Edelmann mit einem Fuhrmann reist, und ersterer lügt, der Fuhrmann „gern darüber gepfiffen hätte", bis er an einem Bache seufzt etc.
So auch im Lustigmacher 1762, S. 8. Nr 10, wo der Kutscher beim
Lügenbach sagt: „Ich will lieber zurücke fahren und den Herrn hier
lassen, ich weiss nicht was er im Schilde führt, und möchte er etwann
worinnen die gründliche Wahrheit gespart haben, und dauret mich
nicht sowohl des Herrn Person, als meine eigene Pferde, wenn sie bey-
derseits zu Grunde gehen sollten". Am gefälligsten ist die Stein-
höwelsche Fabel wiedergegeben in Philanders Zeitverkürzer 1702, Nr. 1,
und darnach lateinisch in: Gaudentii Jocosi Nugae doctae, Solisbaci 1725,
S. 121 ff. Mendax corrigitur. In mehreren Wendungen an Steinhöwel
oder Hans Sachs erinnernd sind sachlich einige Einzelheiten besser
angeführt, als bei ihnen, sodass die Erzählung abgerundeter erscheint.
Vor allem entbehrt die Art und der Ton dieser Fassung des Moral
predigenden Ernstes, der allen andern Darstellungen mehr oder weniger innewohnt; vielmehr zeichnet sie sich durch den leichten Unter-
haltungston aus, auf den es ja hier überall mehr ankommt. Sie möge
daher in der lateinischen Form, die sich noch eleganter ansnimmt,
als die deutsche, hier folgen. „Iter unâ faciebant dominus et servus. Hic, ut sibi apud herum locum nomenque faceret, multa ad-
modum jactanter mendaciterque narravit vidisse se, cum varias ter-
ras peragraret. Occurrit equitantibus transversa via fugiens vulpes:
qua conspecta, „magna erat haec vulpes", ait dominus. Cui mox
servus, „hoc nihil est", dixit; „Ego vidi vulpem, bovi magnitudine
parem." Intellexit facile dominus non vulpem, sed mendacium servi
posse cum bove aequiparari; Sed se pressit, et velut admirationis
indicio et plausu fuit. Quia autem dies paulo prius cooperat,
convertit se dominus ad matutinas preces, et a Deo iter prospe-
rum precabatur, idque ita voce clara, ut servus omnia syllabatim
audiret. Inter caeteras formulas adjecit petere se, „ut eo die prae-

cipue sese a verbo mendacii custodiret; tunc enim satis a periculo
fluminis iri se custoditum." Advertit ea vox et precandi ratio servum,
qui non potuit, quin avidissima curiositate interrogaret dominum,
„quid sibi id genus comprecandi voluisset?" visum est initio tergi-
versari herus et invitus ad eam quaestionem respondere; sed urgente
magisque famulo, tandem quasi ingens arcanum delecturus eum alto
suspirio dixit: Flumen est nobis transeundum hodie, in quo omnes
merguntur, quotquot eo die mendacium fecerunt." Oppalluit servus
ad hoc dictum et mendacii recentissimi conscientia ictus visus est
tremere. Pergunt ire atque non diu post ad rivum ambo perveniunt,
vado transeundum. Ibi jam in ripa equitantem herum subsequens
servus rogat, „ut subsistere paulisper velit." Ex subsistente scis-
citur: „Illene sit illo fluvius, mentientium interfector? Nolle se ten-
tare vadum, cum in vulpe comparanda putet aliquantulum a se erratum
esse; neque enim cauc bovi, sed juveneo duntaxat parom fuisse."
„De vulpe parum curo", ait dominus, „Ceterum non hic est rivus, de
quo dixeram, alius occurret, nihil tibi hoc loco metue." Haec fatus,
calcaria admovit equo, et vadum, servo tergum premente, superavit.
Paulo post ventum est ad alium amnem quo viso servus coepit denuo
trepidare et quaerere: „Illene autem fluvius mendaciloquos morte
plectere soleret?" Cumque herus responderet, „neque istum quidem
esse;" addit servus, „se valentem causam habere tam sollicitae inter-
rogationis: nam haud satis amplius meminisse narratae vulpis magni-
tudinem; existimare se noc juveneo quidem parem extulisse sed vitulo
lactente non fuisse maiorem." Salva res intrant et exeunt etiam ex
hoc vado. Sed ad tertium tandem fluvium accedunt, ad cuius cum
praeripia venisset: „Illic tandem est ille veritatis defensor et mendaciorum punitor fluvius", ait dominus. Ad quae verba attonitus servus
pene ex equo lapsus est. Verum ubi se viresque collegit, veniam a
domino precatus, negavit, se transiturum, eo quod mendacii eo die a
se conflati conscius esset: Nam vulpem a se alibi conspectam reliquis
communibus vulpibus fuisse magnitudine omnino parem.* Hoc audito,
„Et haec quoque aqua", inquit dominus, „est aliis communibus aquis
par neque solet mendaces mergere.* Ita mendacem aquarum minita-
tione curavit et ad veritatem promendam reduxit.

211. Burkard Waldis Esopus hg. v. H. Kurz 1, 374—376, vgl.
Anm. 2, 138.

212. C. A. M. v. W. Kurtzweil. Zeitvertreiber 1666, S. 117 f.
Kurtzweil. Hannswurst 1728, S. 129 ff. Rottmann: Lust. Historienschreiber 1729, S. 74, Nr. 51. Etwas für Alle 1732, S. 50 f. Nr. 79.

213. Hans Sachs V. Buch (3. Theil) Nürnb. 1579, S. 404: Schwank.
Drey abenthewrische Weidlwerk zu Wildschwein Wolf und den Bären.
12. Febr. 1569.

> Eins tags ich einen Jäger fragt,
> Wie man Schwein, Wölff und Bären jagt?

Er antwort: Zu der Schweinhetz frey
Gehören der stück dreierley:
Ein Hammer und ein Schneiders hürd,
Darzu auch ein Schweinspiess gebürt,
Bald du damit komst in den Wald,
So hört dich der wild Eber bald,
Und laufft nach des gehöres spür,
denn würff die Schneiders hürde für
Wann er laufft auf dich ungestümm,
Vermeinet dich zu hauen umb,
Wenn du denn sichst die Eberzän
Lang durch die Schneidershürd aussgehn,
So zuck den Hamer wie ein Schmid
Die Zän ihm in der Hürd verniet,
Denn lauff und zuck den Schweinspiess
Und stich die Saw von hinten ein,
Darmit fellst du sie an der letz
Das ist ein griff auf der Schweinhetz.

Das ander Waidwerk mit dem Wolff.

Zum andern, Wölff zu fahen sehr,
Darffst eines Blechhandschuchs, und nit mehr,
Wenn es im Winter ist grimm kalt,
Und so bald dich ein Wolff ersicht,
Geht er dir nach, er lest sein nicht,
Darzu so hat der Wolf den brauch,
So bald du stehst, so steht er auch,
So kehr dich umb, geh auff in dar,
So steht der Wolff, reist auff fürwar
Gen dir den seinen Rachen glat,
Ein Creutz er auff der Zungen hat,
Und welcher mensch das creutz anschawt,
Wird heiser, kan nit schreyen laut,
Als denn mit dem Blechhendschuch dein
Fahr dem Wolff zu dem Rachen nein,
Und zum ars nauss, nem in beim schwantz,
Kehr bald damit umb den Wolff gantz,
Als denn sein Zän ausswendig stahn,
Und er dich nit beissen kan.

Das dritt Weidstück zu dem Bären.

Zum dritten, zu der Bärenjacht
Dir umb ein halben Wagen tracht,
Und nem das vürderteil geleich,
Mit Hönig die Deichsel bestreich,
Am spitz besteck dich mit Dannreiss,

Stell dich darein heimlich und leis,
Wenn denn das Hönig in dem Wald
Der Bär schmecket, so kommt er bald,
Und brumt umb den Wagen herumb,
So halt dich stiller wie ein stumm,
Sobald der Bär sein Maul auffthut,
Und leckt das Hönig süss und gut.
So fahr jm mit der Deichsel dein
Gar ungestümm zu dem Maul hinein,
Und zu dem Ars wider hinauss,
Denn duck dich, kreuch wider heranss,
Und dem Bären hinden fürstoss
Den Deichselnagel lang und gross,
Also magstu in der Refier
On Hund fahen drey wilde Thier
Mit dem abenthewrischen Weidwerk,
So spricht Hans Sachs zu Nürnbergk.

Vgl. „Ein vortreffl. Fliegenwadel, die Mucken der . . . . Melancholey zu
vertreiben, Oder: Ein Kurtzweil. meistens in kleinen Historien und
lächerl. Begebenheiten bestehender . . . Discurs. An Tag und herausgegeben durch Hans Muckenfeind. Gedruckt in Lachland, Von Sebast.
Grillen-Jäger. 1707. 12. S. 52 f. Wie wolte er der Sach thun, wann
ein Wolff ihm zu fressen sich aufmachte und den Rachen bereits
wider ihm aufrisse? . . . . er müste ihm mit der Faust zum Rachen
mit allem Gewalt hinein, und (weilen der Wolff nur einen Darm hat)
hinten hinaus fahren, seinen Schweif ergreiffen. selben hinein und
zu dessen Rachen herausziehen, und also den Wolff wie einen Stutzen
umbkehren, solcher Gestalt stunden die Zähn auswärts, und kunte
er den Herrn nicht beissen."

214. V. Buch (3. Theil) Nürnb. 1579 Bl. 404ᵇ. Die Worte des
Pflegers: „dein Fisch allsand sind gangen auffs trucken Land" erinnern an Stellen der Lügenlieder, s. S. 91 und die Rede des Fischers:
„Vor warst ein Fischer, jetzt bist du Ein Weidmann Und Vogler
darzu" an die S. 41 aus Bidermann angeführte.

215. Bei Keller 9, 308 ff. 1557? Münchhausen 2, 6. Vgl. KHM
3, 198 f. (Geschichtklitt. Cap. 3 (Kloster 8, 65): Ich weiss, mit was
noht wir etwan den Bawren von Krafftshofen haben geholfen, der
den Magen mit Kutelfleck und Molcken ohne Weintrinken also ver-
wüst gehabt, dass wir jhn haben müssen ausnemmen, ein Inventari
mit Numero darüber machen, und wie ein Pfeffersack umbstülpen,
auch mit eine Strowisch, Kalk und Sand wol reiben und fegen, wie
die Weiber die Stegen: Aber ein Unglück hat darzu geschlagen, dann
wie wir jhn zu trücknen an den Zaun gehenkt, ein Elementsloser
Raab jhn hat herab gezuckt und verschluckt: Was solten wir damals
thun: Wir thaten wie erfahrene Leut, die aller Mägin gelegenheit

erkandten, unnd wol wusten, dass der Sawmagen dem Menschlichen
sehr ähnlich, fügten und setzten ihm flugs den Sawmagen für seinen
Bawersmagen ein: Ist auch darmit auff und darvon, und soll noch
kommen, dass er seinen andern hol.

216. Kloster 5, 186. Vgl. „Der bösen Weiber nützl. Apothee,
E. 17. Jh., S. 32: „Bartholini Erzehlung. Vol. Part. I. Observ. 18 p.
221, dass zu Paris ein Weib blos Branntwein getrunken, dadurch sie
ihren Leib dermassen entzündet, dass er von der Hitze angegangen
und zu Pulver verbrandt" (sammt dem Stein, auf dem sie sich gesetzt etc).

217. Kl. 3, 325.

218. Schaltjahr 4, 122.

219. Bei Holland S. 550 f. Der Hinweis Hollands S. 902 auf das
Märchen: „Seebse kommen durch die ganze Welt" ist erst bei Münch-
hausen zu verwerthen. Vgl. Fliegenwadel v. Hans Muckenfeind 1707,
S. 109 f.: welcher aus folgenden drey Brüdern der Künstlichste gewesen? (Barbierer, Fechter, Schmid). Im Manuser. der Berl. Bibl.
S. 96 f. Nr. 123 zeigen die drei Brüder ihre Künste nicht vor ihrem
Vater, sondern jeder erzählt, was er kann; das Buch, aus welchem
hier abgeschrieben ist, verzichtete also auf dramatische Lebendigkeit.
In Philanders Zeitvertreiber 1702, S. 11: „Ein Schweizer soll sich gerühmt haben, dass er in dem Regen stehend, sein Schwerdt so ge-
schwind über den Kopf schwingen können, dass kein Tröpflein auf
ihn falle." Doch wird schon von der h. Zita berichtet, sie habe „mit
dem Gebet gemacht, dass sie mitten in grossem Regen unbenetzt
geblieben", s. Abrah. a S. Cl. 6, 496 (Auf, auf).

220. Kloster 5, 447.

221. E. Rohde: Gesch. des griech. Romans S. 151, Anm. Benfey:
Orient und Occident (1865) 3, 354.

222. Abrah. a S. Cl. 5, 375 (Judas); 10, 463 (Hui und Pfui). S.
auch Brandan hg. v. Schröder S. 39 f. (51, V. 165). Schon der Lügner
im Gedicht aus dem 13. Jh. bei Haupt 2, 560, V. 36—39 fängt einen
Wallfisch, „den loue er drier raste lang." Ueber derartige grosse
Fische lässt sich des Breiteren vernehmen: M. Jac. Dan. Ernst: Die
Neuzugerichtete Historische Confecttafel etc. Altenburg 1690. 3 Theile.
1. Theil, S. 147 ff: „Die wunder grossen Wallfische." Ebenso Talander:
Histor. Weltspiegel, Leipz. 1714, S. 1024—32: Die ungeheuren Walfische (S. 1029 Landung auf solchen). Auch die „Lustige Reyss-Beschrei-
burg aus Saltzburg in verschiedene Länder. Herausgegeben von Jos.
Antoni Stranitzky, Oder dem sog. Wiennerschen Hanns Wurst (cf.
Flögel: Gesch. des Groteskkom. S. 134 ff) erzählt S. D 3: „Einsmahls
haben wir einen Wallfisch gefangen, dass ich bin in seinen Nasn-
Loch zwey gantzer Stund gangen, biss ich endlich gantz müth und
lahm bey dem andern wieder herauskam. Die Kräten waren so dick
und so gross, dass ich könnte mit etlich wenig Stücken 3000 Schneider

mit Fischbein versehen zum Miederaustlicken.- Abrah. a S. Cl. 8, 366
(Auf, auf) theilt aus einem Brief an Leo X. v. J. 1520 mit, dass ein
Wallfisch ein „Maul zwei Klaftern breit" gehabt habe, in den Augen-
höhlen hätten wenigstens 24 Männer sitzen können.

223. Derselbe Zug in einem östreichischen Volksbuch, s. KHM
3, 72 (vgl. auch 3, 340). Im „Ersten Theyl Katziporl" 1558 hat der
von Zijij an beschriebene Riese unter andern einen Zahn, in dem
ein „Ungerischer Ochse" war; Gargantua isst bei Fischart Cap. 41
6 Pilger, die er erst spürt, als einer an einen hohlen Zahn kommt.
Vgl. auch Calderone: Zenobia 1. Act (KHM 3, 194).

224. Kloster 5, 325. Münchhausen 4, 39, wo auch das Zerbrechen
von Hufeisen dem Baron angedichtet wird, das ebenfalls bei Fischart
vorkommt. Von Kraftstücken berichtet auch Harsdörffer: Lust- und
Lehrreiche Geschichte 1651, 2. Hund. S. 109 ff. (S. 157 ff. von Riesen-
kindern); Casp. Blanckardus: Histor. Lustgarten, Nürnb. 1701, S. 222 ff.
(Einer schlägt z. B. mit der Stirn einen Nagel ein) aus: Joh. Bapt.
Porta Neapolit. l. 4 Phisognomiae cap. 12. sect. 3. Schatzkammer uber
Natürl. Wunderb. etc. Geschichten u. aus vieler vornemer Authoren
Schriften . . . in frantzös. Sprach erstlich zusammen getragen durch
S. G. S. Jetzt aber .. In unser Teutsche Sprache übergesetzt, Strassb.
1613. 8. 2 Theile 1, 533 ff. Leybes sterk. 1, 549 ff: Risen.

225. Scheible 4, 119. 126 (Schilderung des Bartes). Talander:
Histor. Weltspiegel S. 1042—54: Die gewalt. Riesen.

226. Das Buch Johann Cassionis von Manstrol: Bericht von den
Riesen und Heynen etc. Item von den Leuten, die ihrer Grösse halben
den Riesen nicht ungleich etc. 1558. 8. (vgl. Maltzahn Bücherschatz
S. 209, Nr. 1281.) enthält jedesfalls viel derartiges. — Die Männer,
welche von Riesen aus dem Lande Canaan berichteten, nennt Abrah.
a S. Cl. ebenfalls Aufschneider (10, 173; 13, 1, 25). — Casp. Blankar-
dus: Histor. Lustgarten 1701, S. 56 ff., sowie Philander: Zeitverk. 1702,
3. 76 Nr. 17 erzählen von Einem, der die fixe Idee hatte, wenn er
harne, ersäufe er die ganze Stadt, ein von Gargantua mehrmals be-
richteter Zug.

227. S. F. Nork: Mythol. der Volkssagen 1849 (Kloster 9) S. 429.
In den Märchen kommt Derartiges häufig vor. Im Volksbuch Schaltj.
4, 125 thut ein Riese nach seinem Tode noch einen „Schnarcher, dessen
Knall warf alle Gebäude auf 30 Meilen um."

228. Abrah. a S. Cl. 2, 124 (Judas), auch im Recueil Anhang
z. 4. Hund. 1723 S. 9 Nr. 16 ganz nach derselben Quelle, die auch
benutzt ist in: Etwas für Alle 1732, S. 185, Nr. 244. (Der Aufschneider heisst hier Claus Mendax). Im Manusc. der Berl. Bibl. S. 36,
Nr. 43 singt ein Zitterschläger: „Wentzel lag und schlieff, Er hatte
ein Paar Naselocher sieben Klafter tieff, darauf kam der Storch und
schaut darein, sollten wol junge frösche drin seyn"? Derselbe Spott
auf grosse Nasen, der so oft vorkommt, schon bei den Alten, s. KHM 3,

204 unten. Wenn die „Neue und vermehrte Acerra philol." Frankf.
u. Leipz. 1717, S. 259. f. „aus den griechischen Poeten" von kleinen
Leuten erzählt, die beim Athemholen zum Fenster hinaus geworfen
oder in die Nase gezogen wurden, so weist dies mehr auf die Däum-
lingssagen, s. KHM 3, 71 f.

229. Klost. S, 81. Chrph. Richter: Historisches Schauspiel in
400 Wunderhistorien, Jena 1661, S. 456, Nr. 344: von einer wunder-
seltzamen Bratwurst (welche die Fleischer in Königsberg Neujahr 1601
verfertigten). Schaltj. 1, 57 f.

230. Siebenb. Märchen von Haltrich S. 265.

231. Scheible: Schaltjahr 3, 668 ff. (Eine Jahrmarktspièce). Eine
andere, nur wenig von dieser abweichende „Beschreibung von einer
grossen Bass-Geige zu Bresslau in Schlesien, welche zween Maltheser
Ritter zu einem Gedechtnis haben machen lassen, weil sie glücklich
von der Insel Malthe anheim kommen" findet sich im „Recueil etc."
25. Hund. 1721 S. 21 ff. Nr. 16. Dass hier die Geschichte nach Breslau
verlegt und auch im Uebrigen Einzelheiten genauer praecisirt und
localisirt werden, gibt Anlass, diese zweite Beschreibung zeitlich
später anzusetzen als die von Scheible abgedruckte. Abweichend
von dieser wird hier die Bassgeige dreimal im Jahre gestrichen, zu
Ostern, Pfingsten und Weihnachten. Von einem Fest zum andern
währt der Ton. Der Schneider fällt infolge von Vorwitzigkeit hinein,
„wie man wol weiss, dass sie alles beschnarchen müssen". Es wird
versprochen, „mit nächstem zu berichten, wie er wiederum heraus
ist kommen, oder mit was künstlichen Instrumenten Er herausgezogen
worden", jedenfalls in der Absicht, die Aufschneiderei in der ersten
Schilderung noch in diesem Puncte zu überbieten. (Im Exemplar
der Berl. Bibl. hat hierzu Jemand die Glosse gemacht: „Gelegentlich
könte dabei ausgerechnet werden, wie viele jahre lang hat an einem
solchen aufschneider müssen gezeuget werden"?) Auch Abraham a
St. Clara berührt diese Aufschneiderei 11, 86 f. (Gehab dich wohl),
wo er den Schneider ob seines unglücklichen Falles „durch eine aus-
geschnittene Zierrathe neben dem Geigensattel" bedauert. Im Lustigmacher 1762 S. 13, Nr. 15 (ebenso im Lust. u. possirl. Historienschreiber
v. II. S. o. J. Nr. 8) „Die grosse kupferne Pfanne" heisst es: „Es
ist die Historie von der grossen Bresslauischen Bassgeigen annoch
hin und wieder in gutem Andencken; eine fast gleiche Aufschnei-
derey hat sich auch zugetragen etc."

232. Der Bericht im Recueil bezeichnet den „Elisabether Kirch-
thurm, so 50 hoch ist", als denjenigen, der vom Klange der Saite
einfällt. Dieser Thurm fiel aber im J. 1520 ein („auf Mathiae Tag
des Nachts um zwei Uhr",) wie Paullini: Zeitkürzende erbauliche Lust,
3. Theil 1697, S. 170 berichtet, auch mit dem Hinzufügen, er habe
keinen Menschen beschädigt. „nur eine Katze musste bleiben"; ebenso
Chr. Richter: Historisches Schauspiel in 400 Wunderhistorien, Jena

136

1661 S. 757 f.) Jn dem die Beschreibung im Recueil an dieses Ereigniss
anknüpft, beweist sie, dass die bei Scheible schon vorher vorhanden
war. Wenn es im Volkslied bei Uhl. 240 B, V. 6 heisst:

> Zu Landshut steht ein hoher turm,
> er fällt von keinem wind noch sturm,
> er stet fest auss der massen:
> den hat der kühhirt in der stat
> mit seinem horn umgeblasen,

so ersieht man, dass eine derartige Aufschneiderei von der Gewalt
des Schalles an verschiednen Stellen nahe lag. Vgl. Suchenwirt 148
14 f. (Eine Meise thut einen Kolbenschlag, dass die ganze Welt erhallt).
20 f. ein hummel hett gepfiffen, Daz ein perk tet einen Schrey.
Lieders. 3, 385, 10 f. (ein Krebs bläst ein Jagdhorn, dass die ganze Welt
erschallt), Windbeutel bei Keller 491, 15: Ein filzlaus det den grosten
schrey, Das all die welt dar von erschrack. Der Finkenritter schreit
„dass Berg und Thal davon erschallte, gleich als brülleten die Ameisen". Busch berührt S. 24 das Märchen von der Kronstädter Bassgeige. Das Gegentheil von dieser Bassgeige war jedesfalls die Glocke
zu Neustadt: Suchenwirt V. 104:

> Ein alte Faschi sich vermasz
> Tzu dönen paz mit vollem rat
> Für die glokk tzu der Newenstat.

Die Inschrift auf einer Wand in einem Weinhause zu Münster v. J.
1705 überbietet die Bassgeige jedesfalls durch ihre satirische Seite:
das einem bösem Weibe abgezogene Fell solle man zum Gerber tragen „Un draus ein Heer-Pauck lassen machen,

> Dann wann der Trommelschläger kaum
> Sie nur angerührt mit den Daum
> So wird sie anfangen zu brummen
> Schallen, hallen, murren, summen,
> Und gantzer 5 Tagen lauten fort
> Dass man sie im gantzen Felde hort",

(Recueil 12. Hund, 1729, S. 20 f. Nr 64) wo in den letzten Versen
wohl eine Beziehung auf das Lautenstück des Finkenritters durch-
blickt. (Was die Satire darin anlangt, so bietet Abrah. a S. Cl. im
Judas etwas Aehnliches, wenn er von so dicken Bäumen erzählt, dass
einen allein 14 Männer kaum umspannen können und fortführt: „Aus
einem solchen Baum könte man ein grosses Creutz zimmern, aber ein
böses Weib ist noch ein viel grösseres Creutz").

233. Liebrecht Germ. 14, 386.
234. Goedekes Schw. S. 71.
235. Bei Holland S. 536.
236. Eulenspiegelischer Mercurius Augsb. 1702, S. 198 f. Wie
Rebhühner auff dem Baum durch einen fliegenden Jäger geschossen
werden. Zu dem Schiessen der Enten mit dem Ladestock vgl. Fliegen-

wadel von Hans Muckenfeind 1707: Einer schiesst mit seinem Lade-
stecken 12 Enten. Talitz v. Lichtensee (1645) 1702, S. 342, wo ein
Schütz, der „mit dem grossen Messer meisterlich schiessen konte",
eine Menge Krammetsvögel erbeutet, die „bey anderthalb dutzet nur
für Schrecken vom Baume heruntergefallen, ehe sein Feuerschloss
losgangen". Fuchsmundi im 11. Cap. (s. Flügel: Gesch. des Groteskkom. 1788, S. 128) erzählt „wie sechs Geier eine Gans angepackt, die
er gehalten hätte, und weil er sie nicht hätte wollen fahren lassen,
so wären sie mit ihm bis in den Mond geflogen".

237. La nouv. fabr. S. 81 f. Estrange adventure d'un petit oyseau.
Vgl. Goed. Schw. S. 132 (aus dem Nachtbüchlein; Einer giebt vor,
ein grosser Vogel habe ein Kind hinweggeführt).

238. Zimm. Chr. 2, 84; s. Goed. Schw. S. 156.

239. Zimm. Chr. 2, 178, 10. Recueil 7. u. 8. Hund. 1719, Nr. 150,
S. 130 wird von einem grossen Hirsche gesagt, „eine Schwalbe müsse 15
Minuten fliegen, ehe sie von dem einen Geweyhe zum andern käme",
wie im litauischen Märchen bei Schleicher S. 38 ein Storch ein volles
Jahr fliegt von dem einen Horn eines Ochsen zum andern.

240. 2, 336 f. Vgl. die dicken Aale 2, 125, 2 (Goed. Schw. S. 72).

241. 1, 451 f. Vgl. 3, 269 (Goed. Schw. S. 70 f.) Misslungene
Reiterkunststücke 1, 481; 2, 153.

242. 3, 568, 26, bei Goed. S. 71.

243. Wendunm. 1, 261, bei Goed. S. 63. In Zeillers Collectanea
Ulm 1658. S. 158 wird (nach Kojalovviczius Hist. Lituana, 4. Dantisci
1650 pag. 102) erzählt: „Als umbs Jahr 1261 der Liflländische Ordens-
Meister mit 150 Rittern oder Brüdern in der Schlacht wider die
Litauer umkommen und einem mit dem Schwerdt das Haupt abgeschlagen worden, ist der Cörper auff dem Pferd unbeweglich in
vollem Lauff auff etliche Rennwege sitzen geblieben, also, dass er
weder der Flüchtigen Ordnung, noch das Pferd verlassen."

244. 5, 236: Einer raufft den hausknecht zu grob.

245. Ottonis Melandri Jocoseria (s. Anm. 165) 1, 101.

246. 3, 36 ff. Nr. 37. De adolescente quodam pistore, mendaciorum insigni architecto.

247. 3, 36, Nr. 38.

248. 3, 39 f. Nr. 39. Deeodem nugatore.

249. 3, 41 f. Nr. 41. De adolesc. quodam sudore, ex vanitate
plano atque mendacio consuto et composito. Vgl. Goethes Gedicht
vom Floh.

250. 1, 616 ff. Wie Nr. 604 handelt auch Nr. 605 S. 619 f. von einem
fetten Schwein. Ebenda die Lüge von dem geschickten Koch. Der
davonrennende Stier Nr. 603, S. 617.

251. Nic. Frischlini, Bebelii et Poggii Facetiae. Item addita-
menta Phil. Hermotimi, Amstelod. 1660, S. 322: Exemplum insignis
mendacii. Als Analogon vgl. die Fabel „von vischen die auss der

138

Pfannen sprungen in Burkh. Waldis Esopus 2, 51 (bei Kurz I, 238 f.
s. auch die Anm. 2, 101). Gekochte Hühner werden wieder lebendig
Abrah. a S. Clara 4, 475; vgl. 5, 182.

    252. 1, 323, Nr. 285: De Halopanta quodam.

    253. 1, 102 f. Nr. 116. Die Kuh scheint den in Anm. 13 ange-
führten Märchen anzugehören. Münchhausen 4, 22 nimmt eine Eiche
sämmtliche Mannschaften Münchhausens auf.

    254. 3, 367, Nr. 342. De milite quodam tum glorioso tum miro
vano atque mendaci. La nouv. fabr. S. 140 f. Prinse d'un Loup. Etwas Aehnliches passirte wirklich 1750 dem Commandanten von Berlin,
Grafen von Haake: auf der Jagd gerieth ein Keiler zwischen seine
langen Beine, und am Schwanze sich festhaltend ritt er auf ihm zur
Jagdgesellschaft zurück, weshalb er vom Volke den Namen Schweine-
reiter erhielt, s. Voss. Zeitg. 1851, Nr. 65, 1. Beilage.

    255. bei Holland S. 536, s. Anm. 49.

    256. S. 541.

    257. S. 551.

    258. S. 536. s. S. 93 f.

    259. S. 550.

    260. S. 537.

    261. Abrah. a S. Cl. 14, 125 f. (Etwas f. Alle).

    162. S. Goed. Schw. S. 178, Nr. 138.

    263. Goed. S. 197.

    264. Schaltjahr 4, 122.

    265. Holland macht bereits S. 903 auf ein französisches Seiten-
stück zu den Prahlereien des Vincentius aufmerksam. Eine Menge von
Gasconnaden in: Le Courrier facetieux ou recueil des meilleurs Rencontres de ce temps, Lyon 1653. Nouveaux contes à rire et aventures plaisantes, Cologne 1702. Recueil Anhang z. 12. Hund. 1725, S. 29,
Nr. 30; eine kleine französische Auseinandersetzung, dass die Gasconnaden nicht eines Gedichtes würdig seien, wenn auch Tasso sie
gebrauche und Ariost ihn noch überbiete (parlant d'un de ses héros
il dit, que dans chaleur du combat, ne s'étant pas aperceu, qu'on l'avoit
tué, il combattit toujours vaillement, quoiqu'il fut mort: Il poner
huomo, che nou s'en era accorto Andava combattando, ed era morto).
Recueil 16. Hund. 1720, S. 37 ff. Nr. 33: Gespräche zwischen Don Cro-
codillo und Capitän Rodemont. — Dass die von Bojardo erfundene
Figur späterhin sprichwörtliche Bezeichnung der „Himmelsstürmer,
Alpenketscher und Bergversetzer" (Fisch. Klost. 8, 93), der Bramarbasse und Maulhelden wurde, obgleich Rodamonde ganz frei
von der windigen Prahlerei ist, die man mit seinem Namen ver-
bindet und thatsächlich ein furchtbarer Held ist (vgl. z. B. 2, 14,
35; 2, 25, 11; 3, 8, 30) muss man gewissermassen als eine Correctur
oder Kritik Bojardos betrachten, die die Kraftthaten seines Helden
nicht als wirkliche, sondern nur als vorgebliche zu betrachten vermag.
— Im Deutschen vgl. im Anhang der verm. Ged. Philanders von der

Linde (B. Mencke) Leipz. 1710 das Gedicht vom Bramarbas „darinn
der Character cines Prahlers ziemlich exprimirt wird." — Oefters findet
sich die Prahlerei, dass Einer in den Schlachten die Augen zumache,
„damit er nicht sehe die Glieder der Feinde, die durch seine Streiche
in den Lüften herumb flögen": Suter: Hist. Lustgärtlein 1665, S. 73.
C. A. M. v. W. Kurtzweil. Zeitvertr. 1666, S. 121, auch S. 119. Philander Zeitverk. 1702, S. 10, Nr. 8 (S. 9 f., 12 f., 13 ff. noch mehr Prahlereien) Kurtzweil. Hannswurst 1711, S. 133. Ein andrer „Held im
Grossasprechen war in so manchem harten Treffen, dass er umb öfftern
drei Mann 7 Armen abgehauen" etc.: Der Geist Jan Tambaurs (aus
dem Holländ.) o. O. u. J. S. 46. Doppelt zeigt einer dem Feind die
Zähne, indem er sich Zähne ausstösst und sie als Kugeln benutzt:
aus Abrah. a S. Cl. Etwas f. Alle im Recueil 4. Hund. S. 10. In den
Gepflückten Fincken (1730) S. 283 ff. erzählt ein schwedischer „Leute-
nampt", der den Hercules seinen Vater nennt, er habe einem Con-
stabel nach einander Arme und Beine weggehauen, dieser aber „gantz
desperat den Degen in das Maul gefasst etc." offenbar in Anlehnung
an die That des Kynegeiros (s. Herod. 6, 14), wie sie die Rhetoren
ausgeschmückt hatten.

266. S. 531.

267. Pars I. (1559) S. 115—125.

268. Gesch. der deutschen Literatur S. 145. 147. 148, s. Holland
S. 698.

269. Im 1. Aufzug (A. Gryphius: Teutsche Gedichte 1698, 1, 776).
Auf die dort berichtete, abgesehen von ihrer Unsauberkeit vortreffliche
Jagdlüge erinnere ich mich schon in einem älteren Buche angespielt
gefunden zu haben, habe mir aber die Stelle nicht bemerkt.

270. Kurtzweil. Zeitvertreiber v. C. A. M. v. W. 1666, S. 116.
Fasciculus facetiarum 1670, S. 281. Weidner 3, (1683) S. 307 Philander:
Zeitverkürzer 1712, S. 133 f. Nr. 192. Des angenehmen Misch-Masches
Zweite Continuation 1729, Nr. 117, S. 81. Scherzhaffte Einfälle und
lustige Historien o. O. 1753. 8. S. 81.

271. Harsdörffer: Schauplatz lust- und lehrreicher Geschichte,
1651, Anhang zum 2. Hund. S. 400, 238. Ders. Artis apophthegen.
continuatio 1656, S. 364, 4806. Nur ausgeführt und localisirt C. A. M.
v. W. Kurtzweil. Zeitvertr. 1666, S. 166; bei Weidner 3, 306 f. Philander:
Zeitverk. 1702, S. 133, Nr. 191 (ähnlich S. 10, Nr. 10).

272. 3, 88, 60 ff., bei Kurz 1, 376. Der Schwank, welchen Kurz
in der Anmerkung 2, 138 dazu anführt, passt nicht zu der Stelle.

273. Harsdörffer: Schauplatz lust- u. lehrreicher Geschichte, 1651,
2. Hundert. S. 74, Nr. 9. Die in Nr. 10 S. 74 berichtete Lüge Malos:
ein Esel sei ihm auf einer Brücke begegnet mit neugemünztem Geld,
da er ihm nicht habe ausweichen wollen, habe er ihn so hoch geworfen,
dass das Gold inzwischen veraltet und ungültig geworden sei, sowie
die S. 75 erzählte: „sein Vater hätte ein so hohes Hauss, dass wann
die Vögel darauff sätzen, sie die Sterne von dem Himmel gucken

könten, und dass einem Dachdecker der Hammer entfahren, und indem er herunter gekommen, so hätte eine Schwalbe darein genistet,
der Stiel wäre dem Meister in den Händen geblieben", haben sehr
viel Aehnlichkeit mit dem siebenbürgischen Märchen, Haltrich S. 265:
ein Thurm sei so hoch, dass der Hahn an den Himmel reiche und
die Sterne fresse; eine über einen anderen Thurm geworfene Axt roste,
ehe sie wiederkomme und der Stiel verfaule.

274. S. Anm. 152.

275. Der Geist von Jan. Tambour. 12. o. O. u. J. S. 127 f.

276. Philander: Zeitverkürzer S. 135, Nr. 197.

277. Exilium Melancholiae, Strassb. 1643, S. 231, Nr. 200 (ausführlich). Harsdörffer: Lust- und lehrr. Gesch. 1651, 2. Hund. S. 236.
Sam. Gerlach: Entrapeliarum libri III. 1656. 1, 636. C. A. M. v. W.
Lust. Zeitvertreiber 1666, S. 120 f. Fasciculus facetiarum 1670, S. 251.
Philander: Zeitverkürzer 1702, S. 6 ff. (besonders ausführlich). Kurtzweil. Hannswurst. 1718, S. 132 f. Rottmann: Lust. Historienschreiber
1729, S. 79 f. Nr. 159. Lyrum larum Löffelstihl, d. i. Eine heilsame
Quintessenz etc. von Allzeit immer fröhlich 1730, S. 21 f. Nr. 59. Er-
götzlicher Bürgerlust 1755, S. 12 f.

278. Werke 11, 86 (Gehab dich wohl); 13, 1, 28 (Narrennest).
Fast wörtlich darnach oder nach der von Abrah. benützten älteren
Quelle im „Allzeit fert. Lustigmacher ... v. Semper Lustig, Cosmopoli
1762, S. 3 f. Nr. 5. Münchhausen 4, 38. 2, 38 steckt M. an den Augen
eines Katers seine Pfeife an. Vgl. De fide concubinarum (1516) v.
J. 1565, G 10ᵇ: „So du dann wilt kochen, so schlegst du ein feuer,
das dir die funken zu dem hals auss stieben".

279. 20, 129 f. (Gackgack). Wenn die Geistlichen Erfinder von
Lügen waren, so kam auch Manches zu Tage, was unbedachtsam
erscheinen muss, wie z. B. wenn ein Stationirer als Reliquie das Heu
zeigt, „welches unsers Hergots essel uf dem Palmtag gessen hab."
S. Goed. Schw. S. 220 f. (Germ. 14, 396 f. 18, 181).

280. Abrah. 373 f. (Hui und Pfui). Das Jägerhörnlein 1597 S. 44
lässt den Kreuzhirsch dem h. Eustachius erscheinen, nach Micyllus
in 27. cap. lib. 10 Boeatii de geneal. Deorum.

281. v. Sinnersberg: Der lustige Teutsche 1729. S. 286, wo nur
ein Pflaumenkern statt des Kirschkernes verwendet wird.

282. Abrah. 2, 224 (Judas); 14, 300 (Etwas f. Alle).

283. 10, 5 f. (Hui und Pfui). Aus dem geistl. Cramerladen citirt
Recueil 1.Hund. 1719, S. 32, Nr. 85 (Davidis hängt seine Handschuhe
an Sonnenstrahlen auf). Aehnlich bleibt die Sichel der Nothburga in
der Luft hängen, während sie betet: Abrah. 1, 366. Münchh. 2, 21.

284. Grenzboten 1872. Nr. 29. 31. Jahrgang, 2. Semester, 1. Band
S. 115. Ueber Münchhausen spricht auch der Herausgeber der „Nou-
velle fabrique" pag. XIV. Mark Twain in seiner Autobiographie
(Grunows Amerik. Humoristen 12. Band, S. 404) verschmäht es nicht,

als seinen Ahnherrn Ananias Twain „bekannter unter dem Namen
Baron Münchhausen" zu nennen. Ausgaben: Wunderb. Reisen zu
Wasser und zu Lande, Feldzüge und lust. Abentheuer des Freyherrn
von Münchhausen, wie er dieselben bei der Flasche Wein im Zirkel
seiner Freunde selbst zu erzählen pflegt. Aus dem Engl. nach der
neuesten Ausgabe übersetzt, hier und da erweitert und mit noch mehr
Kupfern verzieret. London (Göttingen, Dietrich) 1786. 8. 114 S. u. 3 Bl.
Inh. Voran eine Vorrede zur 1. und eine zur 2. Ausg. Berl. Kgl. Bibl.
Yw 2360. Dass. Zweyte vermehrte Ausg. Lond. 1788. 8. 176 S. 4 Bl.
Vorr. u. 3 Bl. Inh. Mit Kupf. Berl. Yw 2362. Bibl. Diez. 8°. 8494°.
Dass. Yw 2365. Daran: Nachtrag zu den wunderb. Reisen etc. (2.
Bdchen) 2. verbess. Aufl. Koppenhagen 1795. 8. XXIV u. 94 S. Mit
Kupf. Bdch. 3. Bodenwerder (Stendal, Franzen und Grosse) 1794.
8. XLVIII und 104 S. Mit Kupf. Wunderb. Reisen ... und letzte
Abentheuer ... Bdchen 4. Ein Opus posthumum, verfasset von Hennige
Küper (II. Th. Schnorr), Küster in Bodenwerder 1800. 8. Mit Kupf.
(welche dem Berl. Expl. fehlen). — Des berühmten Freih. v. M. höchst
wunderb. Reisen, zu Wasser und zu Lande, merkw. Feldzüge und
lust. Abenth. Mit 13 Abbild. Frankf. u. Leipz. o. J. 8. 95 S. (Ein
Theil des 1. Bdchens) Yw 2401. Leben und Abenth. des Herrn v. M.
Der Wahrheit gemäss erzählt von Wahrhold Wahrlieb, Aschersleben
1833. 8. Yw 2416. Lügenchronik oder wunderb. Reisen zu Wasser
und Lande, und lust. Ab. des Fr. v. M. Mit 60 Bild. Stuttg. 1839. 8.
Yw. 2471. Neue Aufl. in 4 Abth. mit 124 Abbild. Stuttg. 1855. 12.
Des Freih. v. M. wunderb. Reisen ... Neue Originalausg. Mit 16
Federzeichnungen von Hosemann. Gött. Berl. 1840, 8. XXIV u. 167 S.
Yw 2423. Neue Aufl. Gött. 1849. Des wieder auferstandenen M.
Neueste Abentheuer und Flausen; ... Allen Freunden heiterer Lectüre
gewidmet von X. Lügenmund. Berl. o. J. (1853) 8. Yw 2441. Münch-
hausens Landreisen. Mit 16 radirten Blättern von M. Disteli. Solo-
thurn 1841. 8. Münchhausens höchst wunderb. Reise zu Wasser und
Lande. Mit 13 Kupf. 8. Reutl. o. J. Münchhausen's einzig wahre
Erlebnisse, verfasst von Ihm selbst und versehen mit sehr wunder-
lichen Zeichnungen, nach der Natur aufgenommen von dem Maler
A. v. Wille. Düsseldorf, Arnz u. Comp. 1856. 4. (Mit 9 chromolithogr.
Tafeln). Aventures du baron de M. Trad. nouv. par Th. Gautier
fils, illustr. p. G. Doré. Paris. 4. S. auch Maltzahn: Bücherschatz
525/2142. Weller: Die Falschen und fingirten Druckorte 1858, S. 153.
Ausser den Schnorr'schen Fortsetzungen seien noch folgende Nach-
ahmungen angeführt: Des Freih. v. M. des jüngern Leben, Reisen,
Abenteuer und Schicksale. Bartenstein 1812. 8. Der neue M. oder
Erz. zum Todtlachen. Glücksst. 1820. 12. L. v. Alvensleben (Ps. =
Gust. Sellen): Der Lügenkaiser. Seltsamliche, wunderb., abenteuerl.
und dennoch wahrhaft. Schicksale des Herrn von M. II., würdigen
Nachk. des weiland berühmten Erb- und Gerichtsherrn gleiches
Namens. Nach aufgefundenen Papieren bearb. 2 Bde. Meissen. Der

fahrende Münchh. oder neue Reisebilder zu Wasser und zu Lande.
Aus d. Franz. v. v. Savello o. O. n. J. Gödsehe 1833/36.

285. Haltrich S. 267. 271. Wie Münchh. seine Axt, wirft der
Starke Hansel einen grossen Stein bis in den Mond KHM 3, 161.

286. Ueber das Märchen vgl. Benfey: Orient und Occident (1865)
3, 375. KHM Nr. 135: Die 6 Diener lässt sich an Nr. 71 vergleichen.
La nouvelle fabrique S. 113 f. D'un Laquais. Was speciell den Horcher anlangt, so hört schon Heimd Dallr das Gras auf der Erde und
die Wolle auf den Schafen wachsen, vgl. KHM 3, 121. Wander Sprichwörterlexicon 2, 125, 73. Eine Menge Citate und ähnliche Stellen das.
2, 125, 61. 74. 75. 76. 79. 82; 1, 1076, 62—61; 1077, 68. 69. Die kluge
Else KHM Nr. 34 sieht den Wind auf der Gasse laufen, und hört die
Fliegen husten. Die Schildbürger gingen alle Tage hinaus, zu be-
sehen, wie das Salz wüchse, und beredeten sich selber, sie hörten es
wachsen, wie jener das Gras, Narrenbuch S. 86. 431. A. Rose v.
Creutzheim: Eselkönig 1626, S. 327: „dass ein solcher alsdann kan
hören das Grass wachsen: Bawren Tercekat durch drey zäune riechen
(vgl. Geschichtklitt. Cap. 37, Klost. 8, 427) oder nach Schwäbischer
Dialeck und art zu reden schmecken kan; ja er bekomme ein solches
scharfes Gesicht, dass er einer jeden Hunen am Schnabel und Krey-
den ansehn kan, wie viel sie Körnlein im Eyerstock habe" etc. Abrah.
a S. Cl. 14, 100 (Etw. f. Alle): „und ein solches scharfes Gehör bekommen, dass sie ein altes Weib über dreisig Meil husten hören."
Recueil 1. Hund, 1719, S. 39 f. Nr 69: „Ein Schneid-auf erzehlte, dass
er zu Landshut auf dem höchsten Thurm in Teutschland auf dem
Knopf oben nicht allein einen Floh sitzen, sondern auch gähnen, oder
hojahnen, und was noch mehr ist, dass er einen holen Zahn im Maule
gehabt, gesehen." Auch bei Villemarqué: Contes bretons 2, 120 hört
Einer das Gras wachsen (KHM 3, 217).

287. Zimm. Chr. 1, 449. 417 f. Vgl. Anm. 224.

288. Hier sei an den Ausspruch Dove's erinnert, die dynamo-
elektrische Maschine berge eine Kraft, „die sich bei den eigenen
Haaren aus dem Sumpfe ziehe".

289. La nouv. fabr. S. 37 f. D'une chienne qui fit ses petits
chiens estant à la chasse.

290. S. 43. D'un abbateur d'un bois. Das Mittel wird Münchh.
3, 63 noch einmal verwerthet.

291. Lucian ed. Bekker I, 211, 7.

292. Narrenbuch 1811, S. 496.

Berichtigungen.

S. 4, Zeile 4 v. u. lies „gesetzt" für „gesagt".

S. 26, Z. 11 v. u. fehlt „welche" vor „wie L. sagt".

S. 51, Z. 6 v. u. lies „hat" statt „haben".

www.ingramcontent.com/pod-product-compliance
Lightning Source LLC
Chambersburg PA
CBHW030601270326
41927CB00007B/1000